ROBERT LAWSON E BENJAMIN POWELL

SOCIALISMO AMARGO

DOIS ECONOMISTAS EM
UM GIRO ETÍLICO
PELO MUNDO

✶✶✶

ROBERT LAWSON E BENJAMIN POWELL

SOCIALISMO AMARGO

DOIS ECONOMISTAS EM UM GIRO ETÍLICO PELO MUNDO

Tradução:
FERNANDO SILVA

São Paulo | 2021

LVM
EDITORA

Título original: *Socialism Sucks: Two Economists Drink Their Way Through the Unfree World.*

Copyright © 2019 by Robert Lawson e Benjamin Powell

Os direitos desta edição pertencem à LVM Editora, sediada na
Rua Leopoldo Couto de Magalhães Júnior, 1098, Cj. 46
04.542-001 • São Paulo, SP, Brasil
Telefax: 55 (11) 3704-3782
contato@lvmeditora.com.br

Gerente Editorial | Giovanna Zago
Editor-Chefe | Pedro Henrique Alves
Tradutor(a) | Fernando Silva
Copidesque | Renan Meirelles
Revisão | Laryssa Fazolo
Projeto gráfico | Mariangela Ghizellini
Diagramação | Rogério Salgado / Spress
Impressão | Rettec Artes Gráficas e Editora

Impresso no Brasil, 2021

Dados Internacionais de Catalogação na Publicação (CIP)
Angélica Ilacqua CRB-8/7057

P895S   Powell, Benjamin
        Socialismo amargo : dois economistas bebem em sua caminhada pelo mundo sem liberdade / Benjamin Powell, Robert Lawson ; tradução de Fernando Silva. — 1. ed. rev. -- São Paulo : LVM Editora, 2021.
        192 p. : il.

        ISBN 978-65-86029-574
        Título original: Socialism Sucks: Two Economists Drink Their Way Through the Unfree World

        1. Socialismo 2. Ciência política 3. Países comunistas
        I. Título II. Lawson, Robert III. Silva, Fernando

21-4751   CDD 335

Índices para catálogo sistemático:
1. Socialismo

Reservados todos os direitos desta obra.
Proibida a reprodução integral desta edição por qualquer meio ou forma, seja eletrônica ou mecânica, fotocópia, gravação ou qualquer outro meio sem a permissão expressa do editor. A reprodução parcial é permitida, desde que citada a fonte.

Esta editora se empenhou em contatar os responsáveis pelos direitos autorais de todas as imagens e de outros materiais utilizados neste livro. Se porventura for constatada a omissão involuntária na identificação de algum deles, dispomo-nos a efetuar, futuramente, as devidas correções.

Para Tracy, Lisa, Keri & Raymond
Em agradecimento pela paciência com as nossas viagens.

Sumário

Prefácio à edição americana
Por: Tom Woods
11

Prefácio à edição brasileira
Por: Paulo Polzonoff
15

Introdução
Não é Socialismo: Suécia
21

Capítulo 1
Socialismo Faminto: Venezuela
33

Capítulo 2
Socialismo de Subsistência: Cuba
53

CAPÍTULO 3
Socialismo Sombrio: Coreia do Norte
79

CAPÍTULO 4
Socialismo Falso: China
93

CAPÍTULO 5
Socialismo de Ressaca: Rússia e Ucrânia
107

CAPÍTULO 6
Novo Capitalismo: Geórgia
127

CAPÍTULO 7
Conclusão: de volta à U.R.S.A.
143

PÓS-ESCRITO
Drinques Pós-Jantar com Matt Kibbe
167

APÊNDICE
Leituras Adicionais
177

AGRADECIMENTOS
183

PREFÁCIO À EDIÇÃO AMERICANA

Prefácio

Em 2013, a Venezuela era a garota-propaganda do socialismo. Foi o padrão contra o qual celebridades e políticos mediram a economia dos Estados Unidos, essa última considerada insuficiente por eles.

Na *Salon*, David Sirota disse-nos que sim, isso era socialismo, e sim, deveria incitar a inveja nos americanos. O presidente venezuelano Hugo Chávez, disse Sirota, com sua "defesa total do socialismo", "acumulou um resultado econômico que […] Os presidentes americanos só podiam sonhar em alcançar".

A "opinião da moda" não conseguia parar de falar sobre a Venezuela e seu presidente. Sean Penn, Danny Glover, Oliver Stone e Michael Moore foram a ponta do *iceberg*.

Então, em 2017, a Venezuela - o mesmo país sobre o qual esses comentaristas pregavam a todos e que era elogiado por Sirota por sua "defesa total do socialismo" - de repente *não era mais socialista de verdade*, embora nada a respeito dela tivesse mudado.

Bem, pelo menos uma coisa mudou, acredito: em 2016, quase três em cada quatro venezuelanos não tinham uma dieta considerada ótima pelos pesquisadores (essa é uma maneira generosa de falar). Quase 16% recorreram ao extremo de comer lixo.

"Oh, nós não queremos a Venezuela", dizem nossos "socialistas democráticos" hoje. Queremos a Suécia!

Esse tipo de afirmação poderia ser mais verossímil se tantas pessoas não tivessem louvado a Venezuela até o momento em que a fome e o caos estavam por toda parte.

Há muito a dizer sobre a Suécia: (1) suas políticas "socialistas" foram possibilitadas pela riqueza criada sob uma economia essencialmente capitalista (até os anos 1950, lembre-se, o governo gastou menos como porcentagem do PIB na Suécia do que os EUA); (2) os suecos ganham cerca de 50% a mais nos EUA, em nossa supostamente perversa economia; e (3) desde a explosão de gastos com bem-estar social da Suécia, não houve criação líquida de empregos no setor privado.

Não, obrigado.

Nos últimos anos, a simpatia pelo socialismo, nos EUA, cresceu rapidamente. Sem dúvida, um dos motivos foi a crise financeira de 2008. Os críticos tinham certeza de que esse episódio revelava uma doença profunda no coração do capitalismo americano. Entretanto, a crise certamente não teria acontecido sem os males gêmeos da política governamental e da intervenção do Federal Reserve[1], ambos os quais são algo oposto ao capitalismo.

Há outra razão mais fundamental: é um argumento fácil de seguir. (1) Aquelas pessoas ali têm muito dinheiro. (2) Você gostaria de algum dinheiro. (3) Estamos felizes em facilitar a transferência.

"Os ricos", por sua vez, são caricaturados e desprezados rotineiramente. E, embora seja verdade que algumas pessoas obtiveram sua riqueza de forma desonrosa, facilitada pelo governo, os críticos socialistas não estão fazendo distinções sutis como essa. A riqueza em si, não importando a forma de aquisição, deve ser condenada.

Nenhum momento é utilizado para imaginar o que os ricos podem realmente fazer pela economia. Devemos acreditar que eles rolam em seu dinheiro até ele grudar em seus corpos suados.

---

[1] Equivale ao nosso Banco Central, guardando as particularidades políticas e nacionais de cada instituição. O FED – como é comumente conhecido –, em suma, tem a missão de regular e instituir medidas econômicas nos EUA. (N. E.)

PREFÁCIO

Nenhuma palavra sobre o investimento em bens de capital, que torna a economia fisicamente mais produtiva, aumentando a renda real. Nada sobre a manutenção do capital, que mantém a estrutura de produção em pleno funcionamento. Nada sobre economizar, pois a maioria dos críticos populares do capitalismo parece pensar que o consumo é o real contribuinte para a saúde econômica - como se, simplesmente, gastar tudo pudesse nos tornar ricos.

Desse ponto de vista, o socialismo parece fazer sentido. Não há consequências não intencionais da intervenção do governo sobre as quais valha a pena pensar. Temos gente rica lá e coisas que gostaríamos de fazer com o dinheiro deles aqui, então qual é o problema? Se desejamos um resultado, ora, simplesmente legislamos sua existência! Quer salários mais altos? Basta aprovar uma lei!

Se isso fosse verdade, a pobreza poderia ter sido erradicada a qualquer hora, em qualquer lugar. Devíamos ligar para o pessoal de Bangladesh e informá-los: a pobreza acabou! Vocês só precisam aprovar algumas leis!

Agora, se impuséssemos o aparato regulatório americano, as leis trabalhistas e requisitos salariais americanos a Bangladesh, praticamente todo o país se tornaria instantaneamente desempregado e a pobreza apenas se intensificaria.

É quase como se houvesse algo, além de regulamentação e redistribuição, responsável pelo progresso econômico.

Entre os grandes méritos do livro *Socialismo Amargo* está o fato de ele ser curto, envolvente e facilmente digerível - precisamente o que o lado antissocialista, pró-liberdade, precisa agora.

Devo acrescentar que seus guias na viagem pelo mundo não livre, na qual você está prestes a embarcar, não poderiam ter sido melhor escolhidos. Bob Lawson, que realizou uma extensa pesquisa sobre a liberdade econômica de vários países do mundo, tem uma visão importante sobre o que funciona e o que não funciona. O livro de Ben Powell sobre as fábricas exploradoras, publicado pela Cambridge University Press, explica o que precisa ser feito (e o que precisa ser evitado) para que o mundo em desenvolvimento prospere - bem como as várias maneiras através das quais ocidentais ignorantes, ainda que por vezes bem-intencionados, retardam aquele processo.

Vire a página e sua jornada começa. A boa notícia: quando tudo estiver pronto, você pode fechar o livro e estar de volta à América semicapitalista.

Isto é, pelo menos por enquanto.

Tom Woods
TomsPodcast.com

PREFÁCIO À EDIÇÃO BRASILEIRA

Prefácio à edição brasileira

A gente vive num mundo ulraintelectualizado e, francamente, chato. Há estatísticas, fórmulas, citações e explicações para absolutamente todas as hipóteses, das mais nobres às mais imorais, como o aborto, as restrições de liberdade por motivos diversos e até para esta experiência fracassada chamada socialismo. Envaidecido e alçado à condição de deus nesta nossa prorrogação da Era das Luzes, o cérebro humano realmente se acredita capaz de controlar política e economicamente a Humanidade. À custa da própria Humanidade.

Nessa batalha que parece acadêmica, mas tem um quê de espiritual, a economia destaca-se. Desde que os homens passaram a se acreditar capazes de controlar a ação humana, as ciências econômicas viraram campo fértil para um sem-número de experimentos. Tudo sob a justificativa de melhorar o mundo. Mas a gente sabe onde isso sempre acaba: na miséria, quando não na vala comum.

Um dos motivos para isso - e aqui evoco um raciocínio de Jordan Peterson - está na ilusão diabólica de que a realidade pode ser plenamente compreendida por nosso intelecto. Por nossa tecnologia. Se por um lado faltam-nos os superpoderes de nossas fantasias juvenis, por outro sobram-nos instrumentos para medir isso e aquilo a fim de, geralmente entre as quatro paredes de uma prestigiada universidade qualquer, chegar à inesgotável e tolíssima conclusão de que somos, sim, capazes de criar um mundo utópico onde todos são iguais.

Para nossa sorte, dessa prisão intelectual fugiram Robert Lawson e Benjamin Powell, autores do divertido e instrutivo *Socialismo Amargo* que você tem em mãos neste momento. E que bom que você tem em mãos este livro. Porque a fuga dos dois economistas é um ato de coragem que precisa ser admirado e estimulado. Se tivéssemos mais economistas em contato direto com as consequências imediatas de suas ideias, o socialismo não prosperaria. Até porque o ser humano sente uma repulsa natural pela miséria de seus semelhantes.

A ideia por trás de *Socialismo Amargo* é simples e em nada original: dois intelectuais, no caso economistas, viajam pelo mundo a fim de observar de perto o zoológico humano em que invariavelmente se transformam as experiências socialistas. Já no primeiro capítulo, por exemplo, o leitor se deparará com o exemplo da Venezuela e, meu Deus, que desgraça! A realidade retratada por Lawson e Powell passa a impressão de que os socialistas sentem assim certo banzo das cavernas, sabe? Afinal, só isso e a arrogância de se sentir capaz de controlar a ação humana explicam a insistência no fracasso.

Outra coisa rara de se encontrar em livros escritos por economistas, mas que sobra em *Socialismo Amargo*, é o humor. Um humor assim acadêmico. Humor de gravata-borboleta. Mas ainda assim humor. Que, aqui, ali e acolá, precisa ser lubrificado por hectolitros de cerveja - porque é difícil mesmo - e deve ser especialmente difícil para economistas - encararem sóbrios a estupidez concretizada de seus pares.

Em *Socialismo Amargo*, você acompanhará os autores pela já mencionada e paupérrima (apesar de estar sobre a maior reserva de petróleo do planeta) Venezuela, pela vizinha Cuba, pelas distantes e distópicas China e Coreia do Norte e pela Rússia e Ucrânia, em teoria economias não socialistas, mas que sofrem assim de uma espécie de uma cirrose econômica provocada por quase um século de planejamento centralizado.

Talvez você esteja perguntando-se por que se daria ao trabalho de ler essas crônicas de viagens que retratam apenas a tristeza que é viver sob regimes autoritários que almejam controlar todos os aspectos da vida humana. Eu compreendo. Há um quê incômodo de Schadenfreude nisso.

O objetivo de Lawson e Powell, contudo, não é apenas rir das escolhas estúpidas desses povos que optaram por legar suas vidas a um punhado de burocratas arrogantes. Por outra, o objetivo deles é ressaltar as consequências de uma escolha que parece cada vez mais "natural" a uma geração alicerçada no sentimentalismo e no racionalismo exacerbado e que, apesar de ter essa realidade triste e famélica esfregada em sua cara, insiste em defender a igualdade galgada no planejamento centralizado como forma de se igualar a Deus.

Não podemos esquecer que, na terra dos bravos e dos fortes, os Estados Unidos, país-símbolo da liberdade, uma parcela considerável da população mais jovem vê o socialismo como um objetivo a ser alcançado por pessoas que, "oh, só querem o bem umas das outras". É tendo em mente essas pessoas que cresceram ao som de "Imagine" que Lawson e Powell visitam cada uma das experiências socialistas, bebendo cervejas a preços exorbitantes e, às vezes entre sussurros, brindando à liberdade.

Paulo Polzonoff Jr.
9 de agosto de 2021

INTRODUÇÃO

INTRODUÇÃO
Não é Socialismo: Suécia

Setembro de 2009

"Se tenho uma grande queixa sobre a Suécia" disse, enquanto me sentava à mesa, à frente de Bob, no Duvel Café de Estocolmo, "é o preço do álcool".

O Duvel Café não é um boteco, tampouco é um bar chique e sofisticado. Atrás de seu exterior simples e preto de frente à rua há um bar de cinco lugares com cervejas belgas de alto teor alcoólico na torneira, algumas cabines e um assento de madeira desconfortável, perto da janela, que estava causando uma grande dor à minha bunda. Entretanto, apesar da relativa proximidade geográfica com a Bélgica, nossas cervejas belgas custavam muito mais do que estávamos acostumados a pagar nos EUA.

"Porcaria de impostos", ele respondeu. "A Suécia precisa pagar por seu estado de bem-estar social". Ele estava certo. A Suécia cobra impostos mais altos sobre o álcool do que a maioria dos países. Na verdade, a Suécia tributa tudo. Muito.

A Suécia é a primeira parada em nossa viagem pelos países socialistas, embora não seja um país socialista. Espere. O quê? Você ouviu que a Suécia é um exemplo de socialismo que funciona? Embora muitas pessoas acreditem que a Suécia seja um país socialista, e alguns de nossos políticos tentem usar esse mal-entendido para promover suas próprias agendas, apresentaremos evidências do contrário.

Primeiro, porém, deixe-me dar algumas informações básicas sobre Bob e eu para você saber de onde viemos.

Bob cresceu em Cincinnati, Ohio. Sua origem é de classe trabalhadora e é um fã de longa data das equipes esportivas profissionais das divisões mais baixas de Cincinnati. Enquanto fazia seu PhD na Universidade Estadual da Flórida no início dos anos 1990, Bob envolveu-se em um projeto de análise de dados quantitativos, que finalmente resolveria uma questão que há muito tempo era um ponto de discórdia entre cientistas sociais: se é um governo mais capitalista ou um governo mais socialista, que cria condições que mais se traduzem em uma melhor qualidade de vida para seus cidadãos.

A ideia do índice de liberdade econômica de Bob, publicada no relatório anual da *Economic Freedom of the World*, do Fraser Institute, começou com Milton Friedman, economista ganhador do Prêmio Nobel, e Michael Walker, diretor executivo do Fraser Institute, em Vancouver. Desde meados da década de 1990, Bob trabalhou com o professor James Gwartney, da Florida State, para divulgar o índice anual de liberdade econômica do Fraser Institute. Falaremos muito sobre o índice neste livro. Bob foi professor na Shawnee State e na Capital University, ambas em Ohio, e na Universidade de Auburn, no Alabama, antes de conseguir seu emprego atual em Dallas, onde é o diretor do Centro O'Neil para Mercados Globais e Liberdade, na Escola de Negócios Cox, na Universidade Metodista do Sul.

Eu venho de uma formação de classe trabalhadora semelhante, de Haverhill, Massachusetts, cerca de cinquenta quilômetros ao norte de Boston, e continuo sendo um fã ávido das franquias esportivas decididamente superiores de Boston. Nossas lealdades divergentes não prejudicam nossa amizade. Na verdade, Bob é um fã suficientemente leal de seu Bengals para apostar uma garrafa de bebida sem o benefício de um *spread*[2], quando eles jogam contra os Patriots. Eu gostei de beber aquelas garrafas, embora suspeite que ele esteja me presenteando com a bebida ganha de outro amigo seu, torcedor insistente dos Browns.

---

[2] Diferença entre o preço de compra e venda de um ativo, muito utilizado nas operações na bolsa de valores. (N. E.)

Obtive meu PhD na Universidade George Mason e passei a ser professor na Universidade Estadual de San Jose, na Califórnia, e na Universidade de Suffolk, em Boston, antes de assumir o cargo de professor de economia e de diretor do Instituto de Livre Mercado da Universidade de Tecnologia do Texas, há seis anos.

Bob e eu nos tornamos amigos durante uma reunião da Sociedade Mont Pèlerin, em Salt Lake City, em 2004. O economista Friedrich Hayek fundou a sociedade em Mont Pèlerin, Suíça, em 1947, reunindo acadêmicos talentosos de todo o mundo, preocupados com a disseminação do socialismo e do totalitarismo. Ao longo dos anos, oito membros da Sociedade Mont Pèlerin ganharam o Prêmio Nobel, incluindo Hayek e Friedman. Hoje, a sociedade tem mais de quinhentos membros, não apenas acadêmicos, mas líderes empresariais, políticos e intelectuais que compartilham o compromisso de defender a liberdade.

Salt Lake City estava em lei seca em 2004, exceto nos "clubes privados": basicamente bares, que vendiam associações de curto prazo, como taxa de consumação. Bob e eu nos tornamos sócios, e companheiros de bebida, em um desses clubes perto de nosso hotel, e escalamos nossa primeira montanha juntos nas proximidades da cordilheira Wasatch. Desde então, compartilhamos inúmeras bebidas, participamos de dezenas de conferências de economia e escalamos muitas montanhas.

Bob e eu também compartilhamos uma devoção à liberdade e ao livre mercado. Entretanto, nossa devoção não é mera ideologia, é também formada pela teoria econômica e pelas evidências. O economista vencedor do Prêmio Nobel, James Buchanan, acreditava que a compreensão dos princípios econômicos permite "ao homem médio [...] comandar as alturas do gênio", mas que sem esses princípios, "ele é um idiota tagarela"[3]. Em muitos aspectos, somos caras bastante normais, contudo nosso treinamento em teoria econômica e nossa análise de dados econômicos permitem-nos ver, compreender e explicar o

---

[3] BUCHANAN, James. "Economics and Its Scientific Neighbors" [Economia e Seus Vizinhos Científicos]. *In: The Collected Works of James Buchanan, v. 17, Moral Science and Moral Order* [Coleção de Trabalhos de James Buchanan, v. 17, Ciência Moral e Ordem Moral]. Indianapolis: Liberty Fund, 2001, p. 7.

mundo de maneira um pouco diferente da maioria das pessoas, e esperamos que nos ajude a evitar sermos "idiotas tagarelas".

Este livro é um relato verdadeiro de nossas viagens, portanto inclui nosso beber - às vezes excessivo -, misoginia de baixo grau e linguagem obscena. Somos homens americanos, brancos, de meia-idade, que não estão "despertos" nem mesmo sabem o significado de "interseccionalidade". Se isso o ofende, você pode deixar este livro de lado e ler um de nossos enfadonhos artigos de periódicos acadêmicos. Terá os mesmos argumentos, mas sem a cor local.

Neste livro, porém, nosso objetivo é atingir um público popular, que apreciará não apenas nossas percepções econômicas, mas também nossa honestidade prática. Escrevemos este livro porque muitas pessoas parecem perigosamente ignorantes sobre a definição de socialismo, como ele funciona e seu histórico. Também queríamos nos embebedar em Cuba e essa foi uma ótima maneira de amortizar nossas despesas.

***

Na primavera de 2016, uma pesquisa de Harvard descobriu: um terço dos jovens, de dezoito a vinte e nove anos, apoiava o socialismo[4]. Outra pesquisa, da Fundação Memorial das Vítimas do Comunismo, relatou que os *millennials* (nascidos entre 1980 e 1995[5]) apoiavam o socialismo acima de qualquer outro sistema econômico[6].

O Young Democratic Socialists of America, que tinha apenas doze unidades em *campi* universitários no final de 2016, cresceu para

---

[4] HARVARD IOP. Instituto de Políticas na Universidade Harvard. Survey of Young Americans Attitudes toward Politics and Public Service [Pesquisa Sobre as Atitudes dos Jovens Americanos Quanto à Política e Serviço Público], *Harvard IOP Survey*, 2016. Disponível em: http://iop.harvard.edu/sites/default/files/content/160423_Harvard%20IOP_Spring%202016_TOPLINE_u.pdf.

[5] Cabe-nos pontuar que esse corte geracional não é algo exato, a Pew Research Center, por exemplo, classifica como sendo os *millennials* (também conhecidos como *Geração Y*) os nascidos entre 1981 e 1996; Nail Howe, um dos acadêmicos que teorizou os ciclos geracionais dos Estados Unidos, por sua via, define que tal geração está entre 1982 e 2004. Se tornou consenso popular, no entanto, concluir que tal geração *millennials* se estende do início da década de 1980 ao início dos anos 2000. (N. E.)

[6] RICHARDSON, Bradford. "Millennials Would Rather Live in Socialist or Communist Nation Than Under Capitalism: Poll," [*Millenials* Prefeririam Viver em Nações Socialistas ou Comunistas ao Invés de Sob o Capitalismo: Pesquisa]. *Washington Times*, 4 nov. 2017. Disponível em: https://m.washingtontimes.com/news/2017/nov/4/majority-millennials-want-live-socialist-fascist-o/.

quase cinquenta unidades no outono de 2017[7]. Michelle Fisher, de vinte anos, copresidente nacional da organização, disse:

> Acho que as pessoas da minha geração - pessoas que cresceram após a Guerra Fria - não acham que o socialismo seja isso que é para os mais velhos. [...] O tabu para mim nunca existiu[8].

Obviamente não. A pesquisa "Vítimas do Comunismo" descobriu que 31% dos *millennials* tinham uma visão favorável de Che Guevara (1928–1976); 23% tinham uma visão positiva de Vladimir Lênin (1870–1924); e 19% aprovaram Mao Tsé Tung (1893–1976). Então, pelo menos dois em cada dez *millennials*, aparentemente, pensam que o assassinato em massa, no interesse do socialismo, não seja tão ruim. Esse é um dos tabus que caíram.

Entretanto, não apenas os jovens ignoram, ou negam, o passado pernicioso do socialismo. Em 2017, o *New York Times* publicou uma coluna semanal, "Século Vermelho: Explorando a História e o Legado do Comunismo, 100 Anos Após a Revolução Russa"[9]. Embora os colunistas e os tópicos variassem de semana para semana, houve pouco foco nos assassinatos em massa intencionais, realizados por regimes socialistas. Nem houve muita menção à insanidade econômica dos governos socialistas que resultou em milhões de pessoas morrendo de fome. Em um ano inteiro de colunas, apenas uma discutiu como o socialismo levou à estagnação econômica. Surpreendentemente, o *Times* proporcionou-nos colunas sobre como o socialismo era apenas uma forma avançada de liberalismo, destacando as políticas supostamente verdes dos "Eco-Guerreiros de Lênin" e instruindo-nos sobre "Porque As Mulheres Tinham Sexo Melhor no Socialismo".

Quase ao mesmo tempo, Bernie Sanders, um autoproclamado socialista democrata, fez uma forte disputa pela indicação do Partido

---

[7] Young Democratic Socialists of America [Jovens Socialistas Democráticos da América], *YDSA*. Disponível em: http://www.ydsusa.org/fall_drive.
[8] THOMPSON, Alex; SIU, Diamond Naga. Socialism Is Surging on College Campuses [Socialismo Crescendo Rapidamente em *Campi* Universitários]. *Vice News*, 27 out. 2017. Disponível em: https://news.vice.com/en/article/mb9p44/socialism-is-surging-on-college-campuses-this-fall.
[9] Red Century [Século Vermelho], na seção de Opinião, *New York Times*. Disponível em: https://www.nytimes.com/column/red-century.

Democrata para presidente, obtendo 43% dos votos nas primárias democratas de 2016.

Como tantos americanos podem ver o socialismo de forma tão favorável quando, na prática, ele levou à miséria e ao assassinato em massa? A resposta é que, assim como o *New York Times*, muitas pessoas presumem que o socialismo seja apenas uma forma mais generosa de liberalismo.

A pesquisa "Vítimas do Comunismo" descobriu que apenas um terço dos *millennials* podia definir o socialismo corretamente. No primeiro debate do Partido Democrata, Sanders foi questionado sobre como um socialista poderia ganhar uma eleição geral nos Estados Unidos. Ele apontou "países como a Dinamarca, a Suécia e a Noruega" como exemplos de sua versão de socialismo[10]. Contudo, esses países não são socialistas.

A Suécia tem um grande estado de bem-estar social, assistência médica fornecida pelo governo e generosos benefícios de desemprego - e as bebidas no Duvel Café eram, de fato, altamente tributadas. Entretanto, os programas de bem-estar e direitos, embora altamente valorizados pelos acólitos do socialismo, não são componentes definidores do socialismo.

O índice de liberdade econômica criado com a ajuda de Bob é, provavelmente, a melhor maneira de medir se um país tem um sistema mais capitalista ou socialista. O índice usa uma escala de zero a dez, sendo as pontuações mais altas indicadoras de um sistema mais capitalista. Se um país obtém uma pontuação alta no índice, isso geralmente significa que ele mantém a tributação governamental baixa, respeita os direitos de propriedade privada, mantém o valor de sua moeda, permite que as pessoas negociem livremente e mantém regulamentações mínimas.

Então, como a Suécia se sai? No geral, a Suécia obtém uma classificação de 7,54, suficientemente boa para o 27º lugar entre os 159 países no estudo. Claro, a Suécia taxa demais seus cidadãos. Sua

---

[10] The First Democratic Debate: Full Rush Transcript [O Primeiro Debate Democrático: Transcrição Rápida Completa]. *CBS News*, 13 out. 2015. Disponível em: https://www.cbsnews.com/news/the-first-democratic-debate-full-rush-transcript/.

pontuação de impostos e gastos é realmente muito baixa: 3,64 de 10. Ela também regula bastante os mercados de trabalho (6,81). Porém, de modo geral, faz um bom trabalho protegendo os direitos de propriedade (8,35), evitando a inflação (9,71), permitindo o livre comércio (8,28) e regulando apenas ligeiramente os mercados de crédito (9,90) e as empresas em geral (8,08). Dos outros países nórdicos mencionados pelo camarada Bernie, a Dinamarca tem pontuação de 8,0, e a Noruega, 7,62. Todos os três estão entre os 20% do topo na lista dos países economicamente mais livres do mundo.

Resumindo: a Suécia é um país próspero, basicamente capitalista. Quando estávamos lá, podíamos ver isso com nossos próprios olhos. Os suecos eram obviamente ricos, seus prédios, bem conservados, e sua cerveja, boa e gelada. Na verdade, o que vimos foi coerente com a pesquisa, que usa o índice de liberdade econômica para medir o seu próprio impacto sobre os padrões de vida. Em uma revisão recente de quase duzentos estudos acadêmicos, Bob e seu coautor, Joshua Hall, concluíram:

> Mais de dois terços desses estudos encontraram correspondência entre liberdade econômica e resultados considerados "bons", como crescimento mais rápido, melhores padrões de vida, mais felicidade, etc. Menos de 4% das amostras associaram a liberdade econômica a um resultado "ruim", como o aumento da desigualdade de renda[11].

Embora a Suécia ainda seja predominantemente livre hoje, costumava ser ainda mais livre. Nosso amigo sueco, Johan Norberg, contou a história de como as reformas econômicas *laissez-faire* enriqueceram a Suécia[12]. Em sua narrativa, no início da década de 1860, seus ancestrais eram tão pobres que precisavam misturar casca de árvore à sua receita de pão quando estavam com pouca farinha. Os rendimentos da Suécia naquela época eram equivalentes aos do

---

[11] HALL, Joshua; LAWSON, Robert. "Economic Freedom of the World: An Accounting of the Literature" [Liberdade Econômica do Mundo: uma Contabilidade da Literatura]. *Contemporary Economic Policy* 32, n. 1, p. 1–19, 2014. Disponível em: https://doi.org/10.1111/coep.12010.
[12] NORBERG, Johan. "How Laissez-Faire Made Sweden Rich" [Como o Laissez-Faire Tornou a Suécia Rica]. *Libertarianism.org*, 25 out. 2013. Disponível em: https://www.libertarianism.org/publications/essays/how-laissez-faire-made-sweden-rich.

Congo hoje. Ao mesmo tempo, a expectativa de vida era a metade e as taxas de mortalidade infantil, três vezes mais altas do que em muitos países pobres modernos.

Porém, os reformadores econômicos do século XIX liberalizaram a economia da Suécia criando um país próspero e capitalista. Nosso reformador favorito, Lars Johan Hierta (1801-1872), é homenageado com uma estátua de cobre a cerca de um quilômetro do Duvel Café. Gostamos de Lars porque ele defendeu a liberdade de expressão, direitos iguais para as mulheres, liberdade de negócios, livre comércio, governo pequeno e a revogação das leis públicas contra a embriaguez (desde que o bêbado não ameaçasse ninguém). Brindemos a isso!

Ben e Bob com seu colega economista Brad Hobbs saboreiam uma cerveja belga excelente, mas altamente tributada, na Suécia.

NÃO É SOCIALISMO: SUÉCIA

Hierta e outros reformadores acabaram implementando muitas de suas políticas, e a Suécia cresceu rapidamente. Entre 1850 e 1950, a renda aumentou oito vezes, a expectativa de vida aumentou vinte e oito anos e a mortalidade infantil caiu de 15% para 2%. Em 1950, a Suécia era um dos países mais ricos do mundo e ainda tinha um governo pequeno. Sua carga tributária total, de 19% do produto interno bruto (PIB), era inferior à dos Estados Unidos e de outros países europeus.

Apenas recentemente, a carga tributária sueca e o tamanho do governo aumentaram. Os gastos do governo explodiram, de 31% para 60% do PIB, nos vinte anos entre 1960 e 1980. Altos impostos e grandes gastos do governo, por si sós, não constituem socialismo, mas eles têm suas consequências. À medida que o governo sueco crescia, sua economia estagnava. Era o quarto país mais rico da OCDE (um grupo de países ricos) em 1970, mas até 2000 havia caído para o décimo quarto lugar. A Suécia cresceu mais quando era mais livre do que hoje. Contudo, mesmo hoje, permanece relativamente livre economicamente e próspera, e suas políticas estão longe de serem socialistas.

Se a Suécia não é socialista, o que é? Aqui, os americanos parecem confusos. Propagandistas como Michael Moore não ajudam quando tuítam coisas como "A maioria das pesquisas agora mostra que os jovens adultos (18–35), em toda a América, preferem o socialismo (justiça) ao capitalismo (egoísmo)". Socialismo não significa simplesmente "justiça". Na realidade, significa a abolição da propriedade privada; em uma economia socialista, o governo decide o que será produzido, como e para quem.

A maioria dos países não é puramente capitalista nem puramente socialista. Todas as economias capitalistas permitem, para o bem ou para o mal, alguma propriedade governamental de recursos e planejamento econômico centralizado. Da mesma forma, a maioria dos países socialistas permite algum grau de liberdade econômica - ou sofreriam consequências econômicas ainda piores.

A União Soviética, durante seu período de comunismo de guerra (1918–21), e a China, durante o Grande Salto para a Frente (1958–62), chegaram mais perto de abolir a propriedade privada. Depois de cada um desses fracassos massivos, os governos comunistas ofereceram propriedade privada limitada de alguns meios de produção e permitiram a operação de pequenos mercados, ainda que o socialismo predominasse.

Hoje, apenas três países permanecem quase inteiramente socialistas: Coreia do Norte, Venezuela e Cuba. Outros países oficialmente socialistas, como a China, o são apenas nominalmente, mas na verdade permitem tanta propriedade e controle privados que se qualificam como economias mistas.

Visitaremos esses lugares e também três antigos países soviéticos que estão tentando fazer reformas - Rússia, Ucrânia e Geórgia. Combinaremos nossas observações de viagens em primeira mão com a teoria econômica, história e ciência social empírica para tentar entender o que está acontecendo nesses lugares.

Para nós, como viajantes, as políticas econômicas socialistas podem ser um inconveniente, entretanto podem impor, aos que vivem sob elas, um sofrimento brutal e desnecessário. Isso nos deixa com raiva - e pode deixá-lo com raiva também.

Então, com esse aviso, arrume sua bagagem de mão e peça uma bebida forte ao comissário de bordo: vamos embarcar em nossa viagem pelo mundo "não livre".

CAPÍTULO 1

CAPÍTULO 1
SOCIALISMO FAMINTO: VENEZUELA

JANEIRO DE 2017

"Vocês precisam ir para a Venezuela", disse nosso velho amigo, Marshall Stocker, enquanto comíamos lagosta com cerveja em New Hampshire, no final de julho de 2016. Marshall é uma espécie de "capitalista de aventura". Ele estava no Egito fazendo negócios imobiliários durante a Primavera Árabe quando precisou aceitar suas perdas e sair da cidade. Agora, dirige um fundo mútuo de mercados emergentes para uma grande empresa em Boston. Bob e eu gostamos de seguir sua página no *Facebook*, que destaca suas viagens a locais exóticos, como as selvas de Mianmar ou o deserto da Mongólia, enquanto procura países para investir.

Nós concordamos. A Venezuela estava em nossa lista, mas o país é uma bagunça completa. Nossas esposas, Lisa e Tracy, já haviam estabelecido a regra - não tínhamos permissão para sermos mortos ou acabar na prisão enquanto trabalhávamos neste livro. Suponho que apólices de seguro de vida maiores as teriam acalmado um pouco - mas ora, nenhum de nós tampouco deseja morrer.

Marshall deu uma sugestão que fez a viagem parecer mais segura e prática.

Basta voar para a Colômbia e viajar até a fronteira com a Venezuela. Você pode verificar o que está acontecendo a partir daí e, talvez, aventurar-se a cruzar. Isso será seguro o suficiente. Além disso, há muita atividade econômica maluca na fronteira.

Quanto mais pensávamos sobre isso, melhor parecia a ideia. A Venezuela, o mais recente queridinho dos defensores do socialismo, não está manchada com a mesma longa história de repressão política de outros países. A Venezuela foi um exemplo de socialismo "democrático". Pelo menos, até recentemente, era o modelo admirado pelos intelectuais ocidentais que o defendiam para imitação como sendo um paraíso socialista. Agora, as coisas estão desmoronando, mas os defensores ainda insistem que os problemas do país não têm nada a ver com o socialismo.

Os intelectuais ocidentais, a quem Lênin chamou de "idiotas úteis", tendem a ignorar, ou a dar desculpas, para os fracassos econômicos e atrocidades humanitárias dos regimes socialistas. Hoje, os idiotas estão ficando sem lugares para admirar. Quase nenhuma pessoa sã considera a Coreia do Norte um Estado modelo[13]. Embora os defensores de Castro ainda aprovem os sistemas de saúde e educação cubanos, quase todo mundo reconhece o regime comunista de Cuba como politicamente repressivo e economicamente atrasado.

A Venezuela deveria ser diferente. Em 1992, o coronel Hugo Chávez foi preso por dois anos após uma tentativa fracassada de golpe. Ele então se tornou um político, vencendo as eleições presidenciais de 1998 com 56,2% dos votos, no que foi considerada uma eleição mais ou menos justa. Chávez estabeleceu uma nova constituição em 1999 e foi reeleito um ano depois com 59,8% dos votos.

Para muitos observadores, o "Socialismo Bolivariano" criado por Chávez (batizado em homenagem ao revolucionário anticolonialista do século XIX, Simón Bolívar) parecia ser um sucesso. Em 2011, Bernie Sanders afirmou:

---

[13] Dizemos "quase" porque, em 2012, o Center for Participant Education, uma organização estudantil na *alma mater* de Bob, a Universidade Estadual da Flórida, realizou um programa exaltando as virtudes da "Coreia do Norte Democrática". Ver https://archive.org/details/ralphieleaks_gmail_CPE5.

Hoje em dia, o sonho americano está mais apto a ser realizado na América do Sul, em lugares como Equador, Venezuela e Argentina, onde as rendas são atualmente mais iguais do que na terra de Horatio Alger (1832-1899)[14]. Quem é a república das bananas agora[15]?

Da mesma forma, após a morte de Chávez, em 2013, o site *Salon* publicou um artigo intitulado "O Milagre Econômico de Hugo Chávez", afirmando que "Chávez acumulou um histórico econômico, que um presidente americano, obcecado por legado, só poderia sonhar em alcançar"[16].

Precisávamos experimentar esse paraíso socialista por nós mesmos. Depois de acompanhar, durante alguns meses, as notícias sobre o comércio na fronteira entre a Colômbia e a Venezuela, programamos nossa viagem. Em 2 de janeiro de 2017, ainda exibindo nossas respectivas ressacas de Ano-Novo, pegamos um curto voo noturno de Dallas para Bogotá e continuamos para Cúcuta na manhã seguinte.

Cúcuta foi uma surpresa agradável. Sexta maior cidade da Colômbia, com uma população de 650 mil habitantes, Cúcuta ostentava um horizonte impressionante, arquitetura atraente e edifícios de escritórios bem conservados. As ruas, embora às vezes congestionadas, estavam em boas condições. Havia uma variedade de restaurantes e opções de compras a uma curta caminhada do nosso hotel, no centro. Quando saíamos para beber à noite, nos sentíamos tão seguros quanto em qualquer outro lugar da América Latina.

Entretanto, não estávamos lá para ver Cúcuta. Estávamos lá porque Cúcuta fica na margem oeste do raso e lamacento Río Táchira,

---

[14] Romancista americano que se notabilizou, no século XIX e início do XX, com escritos que retratavam a ascensão de garotos pobres com suas vidas duras à classe média e seus confortos. Para muitos sociólogos de pauta marxista, Horatio foi o responsável pelo florescimento da dita "mentalidade americana moderna", baseada no louvor ao crescimento material e dignificação da classe média. (N. E.)

[15] "Close The Gaps: Disparities That Threaten America [Diminua as Diferenças: Disparidades Que Ameaçam a América]." *Valley News Editorial Board (website* do senado de Bernie Sanders), 5 ago. 2011. Disponível em: https://www.sanders.senate.gov/newsroom/must-read/close-the-gaps-disparities-that-threaten-america.

[16] SIROTA, David. "Hugo Chavez's Economic Miracle" [O Milagre Econômico de Hugo Chavez]. *Salon*, 6 mar. 2013. Disponível em: http://www.salon.com/2013/03/06/hugo_chavezs_economic_miracle/.

Milhares de pessoas cruzavam a ponte entre a Venezuela e a Colômbia, todos os dias, em busca de bens de primeira necessidade.

onde duas pontes, e outras travessias não oficiais de rios, ligam a Colômbia à Venezuela. Ali, os venezuelanos, em seus primeiros dias socialistas, contrabandeavam mercadorias para a Colômbia, para serem vendidas a preços de mercado e, portanto, com lucro. Hoje, é onde os venezuelanos compram produtos básicos não disponíveis em casa.

  A caminho da Ponte Santander, a menor das duas travessias oficiais, encontramo-nos com Julian Villabona, repórter do *PanAm Post*. Um amigo em comum nos apresentou Julian e concordou em nos ajudar a falar com as pessoas na fronteira enquanto escrevia sua própria história para o *site* do *Post*.

  Depois de uma curta viagem de carro, a estrada pavimentada de quatro pistas terminou em um cruzamento empoeirado perto da Ponte Santander, que estava fechada ao tráfego de veículos. Havia cerca de uma dúzia de pequenas lojas permanentes de beira de estrada e pelo menos o dobro de barracas temporárias de beira de estrada que ofereciam uma grande variedade de bens de necessidades básicas - farinha, óleo de cozinha, açúcar, papel higiênico, doces, feijão -, bem como itens de maior valor de venda, como pneus, que estavam em falta na Venezuela.

A ponte fervilhava de tráfego de pedestres. Todos os dias, milhares de venezuelanos vêm com malas, sacolas, carrinhos, mochilas e engradados, e os carregam com tudo o que podem pagar e levar para casa. Esses não eram venezuelanos empobrecidos: eram membros da classe média, com meios para viajar até a fronteira e comprar mercadorias.

Quando chegamos ao posto de controle colombiano, no meio da ponte, Julian perguntou o que queríamos fazer. A polícia da fronteira colombiana estava verificando passaportes apenas casualmente. Poderíamos ir direto para a Venezuela se quiséssemos, mas conseguiríamos voltar para a Colômbia?

Julian teve uma breve conversa com o guarda, que encolheu os ombros, convencendo a Julian de que a reentrada seria um *no hay problema* para dois economistas gringos e seu guia, e cruzamos para a Venezuela. O posto de controle venezuelano tinha um único homem uniformizado. Ele também não se importava conosco. Estava muito ocupado vasculhando as bolsas de uma mulher e confiscando itens para si mesmo.

Comparado com a agitação das lojas no lado colombiano do rio, o lado venezuelano era assustadoramente silencioso. A loja *duty free* oficial há muito havia sido abandonada. O único outro estabelecimento era um grande posto de gasolina, com um atendente esperando, zelosamente, em cada bomba.

O governo venezuelano subsidia os preços da gasolina para que, a cerca de cinquenta centavos o galão, a Venezuela desfrute de uma das gasolinas mais baratas do mundo. Entretanto, mesmo com combustível tão barato, não havia clientes para o bem equipado posto de gasolina. Aparentemente, os planejadores socialistas da Venezuela não previram que uma ponte fechada para veículos poderia não ter muitos clientes.

Enquanto caminhávamos em direção ao vilarejo de Ureña, Julian ficou visivelmente desconfortável. Embora não tivéssemos sacos de mercadorias para roubar, Bob e eu éramos os únicos americanos à vista, tornando-nos alvos de roubo ou sequestro. Concordamos que era melhor não ficar muito tempo na Venezuela, e, tecnicamente, sem vistos, estávamos lá ilegalmente. Eventualmente, trocamos de direção, nos juntamos aos venezuelanos rumo ao Oeste e retornamos à Colômbia sem incidentes.

Depois de examinar algumas lojas, encontramos o que precisávamos - Bahia, uma *cerveza* colombiana. A loja ficava em frente à estrada de terra e tinha algumas cadeiras de plástico e uma mesa. A música estava alta, mas a cerveja estava gelada, e tínhamos uma boa visão das idas e vindas.

O que observamos foi uma pena. A Venezuela já foi uma das economias mais livres do mundo, de acordo com o índice de Bob. Em 1970, a Venezuela obteve 7,2, tornando-se a décima economia mais livre do mundo. E, quando a economia da Venezuela era livre, o país era relativamente próspero. De acordo com o Banco Mundial, em 1967, o venezuelano médio era US$ 1.995 mais rico do que o espanhol médio.

Entretanto, em 2014, o venezuelano médio ganhava apenas cerca de US$ 200 a mais do que ganhava em 1967. Em quase cinquenta anos, os venezuelanos tiveram um crescimento econômico praticamente *nulo*, enquanto os espanhóis viram sua renda média mais do que dobrar. E, segundo algumas estimativas, a renda venezuelana caiu 50% desde 2014 - então, a economia passou da estagnação ao colapso. Hoje, a Venezuela está em último lugar no índice de liberdade econômica, com uma pontuação de cerca de 3[17].

Como economistas, Bob e eu sabemos que a liberdade econômica leva, quase inevitavelmente, a bons resultados econômicos, pois as pessoas livres têm tanto o incentivo quanto a capacidade de melhorar suas próprias vidas e, no processo, a vida de outras pessoas. Adam Smith colocou isso melhor em seu livro *A Riqueza das Nações* quando escreveu sobre uma "mão invisível", que guiava o interesse econômico individual para um bem maior. Como Smith colocou:

> Cada indivíduo [...] não pretende promover o interesse público, nem sabe o quanto o está promovendo [...] ele pretende apenas sua própria segurança; e, ao dirigir aquela indústria de tal maneira que sua

---

[17] Coreia do Norte e Cuba não têm classificação. As mais recentes classificações de liberdade econômica estão disponíveis *on-line* aqui: https://www.fraserinstitute.org/economic-freedom.

produção seja de maior valor, ele pretende apenas seu próprio ganho, e ele é, neste, como em muitos outros casos, conduzido por uma mão invisível, para promover um fim, que não era parte de sua intenção[18].

Essa "mão invisível" requer duas coisas: liberdade e o estado de direito. A lei é necessária para garantir os direitos de propriedade, e as pessoas precisam de liberdade para comercializar, voluntariamente, bens e serviços a preços livremente fixados.

Sentado em um mercado na Colômbia você pode ver, na prática, o que os economistas podem explicar em teoria. Mercados livres e preços de mercado transmitem informações importantes. Eles dizem aos consumidores se um bem é abundante (e, portanto, barato) ou escasso (e, portanto, caro). Por sua vez, o que os consumidores estão dispostos a pagar e informa aos produtores e empresários quais bens são mais valiosos, algo que pode variar, de acordo com o tempo, lugar e cliente. O objetivo do empreendedor é ganhar dinheiro, não promover a eficiência econômica, ou o desenvolvimento econômico. Entretanto, ao atender à demanda dos clientes, os empreendedores, inevitavelmente, tornam a economia mais eficiente e bem-sucedida, *desde que o sistema de preços seja preciso, o que é garantido por um mercado livre e aberto.* Qualquer coisa impedindo o livre comércio também impede a exatidão dos preços.

Mais fundamental ainda é a propriedade privada, que torna possível possuir bens e, portanto, comprar e vender. Outros fatores também estão em jogo, é claro. A inflação, causada pela impressão imprudente de dinheiro do governo, distorce os preços. Impostos e regulamentos fazem o mesmo, trazendo custos adicionais ao comércio.

Quando a Venezuela era uma economia mais livre, era relativamente próspera. Porém, à medida que o governo se envolvia mais na regulamentação da economia, tornava-se cada vez menos livre, menos eficiente e menos produtiva. Quando Chávez chegou ao poder, esse processo já estava em andamento. Ele apenas dobrou a aposta, transformando a regressão econômica em desastre

---

[18] SMITH, Adam. *An Inquiry into the Nature and Causes of the Wealth of Nations* [Uma Investigação Sobre a Natureza e as Causas da Riqueza das Nações]. Nova York: Modern Library, 1937 [1776], p. 423.

econômico. Os direitos de propriedade inseguros da Venezuela, as indústrias nacionalizadas, os impostos punitivos, a inflação monetária e as regulamentações sufocantes dos negócios resultaram no que vimos, em detalhes vívidos e comoventes, na Ponte Santander, na fronteira entre a Colômbia e a Venezuela: venezuelanos de classe média empobrecidos, carregando fardos de açúcar, arroz, feijão e fraldas. Vimos os fatos econômicos como resultado possível da teoria econômica.

Desesperados, venezuelanos fazem fila para tentar obter um visto de entrada na Colômbiax. Estima-se que quatro milhões de venezuelanos tenham fugido do país desde o início da crise.

Na manhã seguinte, fomos à Ponte Simón Bolívar. Mais uma vez, o lado colombiano estava cheio de comércio, só que mais: uma confusão caótica de pessoas, veículos de entrega, ônibus, táxis, motocicletas e carrinhos de empurrar manobrando por um labirinto de estradas empoeiradas e congestionadas, repletas de lojas.

Vendedores gritavam aos venezuelanos que vinham para a Colômbia. O grito de uma mulher em particular - "¡Compramos pelo!" - chamou nossa atenção.

"Vamos falar com ela", eu disse. "Li sobre isso".

Denise era conhecida como *"dragger"* - uma intermediária. Ela explicou estar buscando mulheres venezuelanas, desejosas de vender seus cabelos. Ela as levaria a uma barbearia improvisada, onde seus cabelos seriam cortados e usados para fazer extensões.

"*¿Cuánto cuesta?*"

Eu queria saber quanto ela pagava às mulheres por seus cabelos. Ela balançou a cabeça, dizendo algo que eu não entendi. Julian explicou: "Ela acha que você quer vender seu cabelo. Ela não quer isso. É muito curto e vermelho para ser comercializável".

Julian disse a ela o que eu pretendia dizer em espanhol. Ela disse que o preço variava, dependendo da qualidade e do comprimento, mas para cabelos muito bons e longos, talvez até US$ 80.

De acordo com um artigo da *Reuters* que eu havia lido, cabelos de comprimento médio valiam cerca de $60 mil pesos colombianos, na época, eram cerca de US$ 20. Isso pode não parecer muito, mas é aproximadamente o que um venezuelano, com um emprego com salário mínimo e comida racionada, ganha em um mês. Aqui na fronteira, até mesmo US$ 20 ajudariam a levar para casa necessidades valiosas.

Novamente, aventuramo-nos brevemente pela Venezuela, entretanto toda a ação acontecia do lado colombiano da fronteira, então voltamos e conversamos com os venezuelanos que carregavam suas malas pesadas sob o sol quente. A maioria parecia nervosa e em guarda - os roubos são comuns -, falava apenas brevemente e com cautela, dizendo que vinha comprar o necessário. Eles geralmente falavam mais ao entrar na Colômbia do que ao sair dela.

Um casal obviamente de classe média, Paulo e Ana María, conversou longamente conosco. Eles tinham vindo de Ciudad Bolívar, no extremo Leste da Venezuela, para comprar suprimentos. De acordo com o Google Maps, Ciudad Bolívar fica a cerca de 1.250 quilômetros a Leste, cerca de 18 horas de carro. Disseram que a viagem havia levado três dias, porque era perigoso demais dirigir à noite.

Paulo nos disse: "Viemos comprar arroz, remédios, sabonete, xampu e outras coisas, como peças de carro, que não estão disponíveis em casa". Eles vinham para a Colômbia a cada três meses, acrescentou, mas esta seria a última viagem, porque "o perigo dos bandidos está ficando grande demais".

Essencialmente, eles precisaram fazer essas viagens por causa das políticas socialistas da Venezuela, que haviam destruído a produção doméstica de bens básicos e limitado a disponibilidade de importações. Nos primeiros dias da presidência de Chávez, as importações anuais de alimentos para a Venezuela eram, em média, cerca de US$ 75 por pessoa. Depois que Chávez confiscou mais de dez milhões de acres de terras agrícolas privadas, a produção de alimentos entrou em colapso e as importações de alimentos dispararam. Em 2012, pouco antes da morte de Chávez, as importações de alimentos atingiram uma média de US$ 370 por pessoa, a cada ano. Hoje, o governo venezuelano não pode se dar ao luxo de subsidiar a importação de alimentos. Então, as pessoas precisam encontrar alimentos no mercado negro ou na Colômbia.

Julian nos contou sobre Sabrina Martin, uma repórter, que trabalhava em uma matéria sobre as novas regulamentações para padarias na Venezuela. Sabrina disse a ele que as padarias devem comprar farinha importada do governo (detentor do monopólio da farinha importada). O governo, porém, não tem farinha suficiente para atender à demanda; os controles de preços impostos pelo governo impossibilitam as padarias de obter lucro; e as regulamentações governamentais exigem que as padarias ofereçam pão durante todo o dia útil, significando que os donos das padarias precisam infringir a lei, comprando farinha no mercado negro ou tendo prateleiras vazias. Em qualquer caso, espera-se que administrem seus negócios com prejuízo.

Tínhamos lido uma história semelhante, na qual o governo confiscou milhões de brinquedos de uma empresa e prendeu seus executivos, porque o preço dos brinquedos era, supostamente, alto demais! Essas histórias não são incomuns na Venezuela. Sabrina entrevistou Víctor Maldonado, diretor executivo da Câmara de Comércio, Indústria e Serviços de Caracas[19]. Maldonado relatou

---

[19] MARTIN, Sabrina. "Venezuelan Regime Threatens to Expropriate Bakeries, Jeopardizing Bread [Regime Venezuelano Ameaça Expropriar Padarias, Pondo em Risco o Pão]. *PanAm Post*, 13 mar. 2017. Disponível em: https://panampost.com/sabrina-martin/2017/03/13/venezuela-regime-threatens-expropriate-bakeries-jeopardizing-bread/.

que, só em 2016, mais de 30 mil empresas venezuelanas fecharam. A Venezuela tinha 800 mil empresas antes de Hugo Chávez chegar ao poder em 1999, entretanto apenas cerca de 230 mil permanecem hoje.

A Confederação das Associações de Agricultores (Fedeagro) informou que a produção de arroz, milho e café na Venezuela caiu 60% na última década. Da mesma forma, o número de bovinos de corte no país diminuiu 38% nos últimos cinco anos, de acordo com Vicente Carrillo, o ex-presidente da Associação de Pecuaristas da Venezuela.

O colapso de empresas privadas obrigou as pessoas a dependerem do governo para receber doações, mas nunca há o suficiente para todos. As pessoas fazem fila de manhã cedo para obter alimentos e suprimentos racionados pelo governo, mas as filas são longas, os itens são poucos e os destinatários são alvos de ladrões.

Isso nos traz de volta às pontes perto de Cúcuta, onde não há atacadistas pertencentes ao monopólio do governo nem controles de preços arbitrários, nem limites aos lucros, e onde os mercados podem fornecer o que o governo venezuelano não pode.

As lojas na Colômbia estavam bem abastecidas. Havia três ou quatro farmácias perto da ponte vendendo uma grande variedade de remédios e suprimentos. A comida a granel estava por toda parte, e *pallets* de sacos de arroz eram constantemente descarregados dos caminhões para as vitrines. Cartões telefônicos, óleo de cozinha, fraldas, lanches pré-embalados, sucos, e muitos outros produtos básicos, estavam amplamente disponíveis. Havia barracas de beira de estrada vendendo comida e sorvete. Segundo Julian, os preços eram baixos mesmo para os padrões locais. Meio quilo de arroz custava menos de um dólar.

A única coisa que não conseguimos encontrar foi cerveja. Estava disponível para viagem, mas estávamos procurando um lugar para nos sentar e observar as pessoas. Finalmente, encontramos um lugar pequeno e empoeirado, com algumas cadeiras de plástico surradas e um refrigerador de cerveja. Não ficava em um dos principais becos de compras, mas era a única opção por perto. Pegamos um par de Bahias, que custou cerca de trinta e três centavos cada.

Não só as cervejas eram baratas, mas nos considerávamos afortunados porque, para os venezuelanos, a cerveja havia se tornado um luxo. Na Venezuela, seis meses antes, não havia cerveja alguma. Isso mesmo - *a cerveja acabou*. Empresas Polar, a maior cervejaria do país, que produz de 70% a 80% da cerveja da Venezuela, fechou todas as quatro cervejarias no último mês de abril quando ficou sem cevada maltada.

Mais precisamente, a empresa ficou sem moeda estrangeira, necessária para comprar cevada importada[20]. A cevada não é cultivada no clima tropical da Venezuela. Em uma economia de mercado, as Empresas Polar teriam negociado moeda nacional no mercado de câmbio estrangeiro para comprar quaisquer ingredientes importados de que precisassem. Entretanto, os planejadores da Venezuela controlam o acesso ao câmbio estrangeiro e não alocaram o suficiente para a empresa importar a cevada necessária. Ainda assim, de acordo com o governo, o problema é que Lorenzo Mendoza, CEO da Polar, é um "ladrão e traidor", tentando minar o regime socialista[21]. Enquanto isso, os venezuelanos ficaram com sede.

Por mais horrível que pareça a falta de cerveja, está longe de ser o pior dos problemas da Venezuela. Os venezuelanos não estão apenas com sede. Eles estão com fome. A maioria dos venezuelanos não tem acesso a um mercado como o que estávamos. Como resultado, de acordo com uma pesquisa feita por universidades na Venezuela, três quartos dos adultos perderam, em média, nove quilos durante 2016. A Caritas, uma organização humanitária católica, descobriu que, entre as crianças menores de cinco anos, mais de 11% sofreram de desnutrição moderada ou grave. A situação só piorou desde a nossa visita. Os venezuelanos perderam, em média, onze quilos em 2017[22].

---

[20] WORSTALL, Tim. "Congratulations to Bolivarian Socialism: Venezuela is Now The Country with No Beer" [Parabéns ao Socialismo Bolivariano: a Venezuela é Agora o País sem Cerveja]. *Forbes*, 30 abr. 2016. Disponível em: https://www.forbes.com/sites/timworstall/2016/04/30/congratulations-to-bolivarian-socialism-venezuela-country-with-no-beer/#53de85c51e53.
[21] OTIS, John. "Venezuela Is Running Out of Beer Amid Severe Economic Crisis" [Venezuela Está Ficando Sem Cerveja em Meio à Forte Crise Econômica]. *National Public Radio*, 31 mai. 2016. Disponível em: https://www.npr.org/sections/thesalt/2016/05/31/480126445/venezuela-is-running-out-of-beer-amid-severe-economic-crisis.
[22] SEQUERA, Vivian. "Venezuelans Report Big Weight Losses in 2017 as Hunger Hits" [Os Venezuelanos Relatam Grandes Perdas de Peso em 2017 Com a Chegada da Fome]. *Reuters*, 21 fev. 2018. Disponível em: https:// www.reuters.com/article/us-venezuela-food/venezuelans-report-big-weight-losses-in-2017-as-hunger-hits-idUSKCN1G52HA.

As políticas socialistas da Venezuela estão, literalmente, deixando o país com fome.

Dois meses depois de nossa visita, o Ministério da Saúde divulgou estatísticas, mostrando que as taxas de mortalidade infantil subiram 30% em 2016, e o ministro que divulgou as estatísticas foi imediatamente demitido. Lá se vai o art. 83 da Constituição da Venezuela, que declara: "A saúde é um direito social fundamental, e da responsabilidade do Estado, que deve garanti-la, como parte do direito à vida". Acho que ninguém disse a Chávez: escrever um "direito" a algo em um pedaço de papel não o faz se materializar magicamente.

Porém, certamente foi o suficiente para enganar a esquerda de Hollywood. Quando Chávez morreu, em 2013, Sean Penn escreveu: "Hoje o povo dos Estados Unidos perdeu um amigo que nunca soube que tinha. E os pobres de todo o mundo perderam um defensor". Da mesma forma, Oliver Stone, o maior dentre todos os idiotas úteis, produtor de uma farsa de documentário sobre Chávez, *Mi Amigo Hugo*, considerado "vergonhoso" até pela *Foreign Policy*, escreveu: "Choro um grande herói para a maioria de seu povo, e para aqueles que lutam em todo o mundo por um lugar"[23]. O sempre detestável Michael Moore tuitou: "Hugo Chávez declarou que o petróleo pertencia ao povo. Ele usou o dinheiro do petróleo para eliminar 75% da pobreza extrema, oferecer saúde e educação gratuitas para todos. Isso o tornava perigoso".

Não, o que o tornava perigoso - para o povo venezuelano - era que os altos preços do petróleo disfarçavam como ele estava destruindo a economia do país. Depois de a Venezuela tornar-se um inconfundível fracasso econômico, os bajuladores e canhotos de Hollywood, assim como Bernie Sanders, ficaram repentinamente quietos. Porém, quando pressionados, os idiotas úteis atribuíram o colapso da Venezuela à queda dos preços do petróleo, como se isso fosse uma calamidade natural, podendo afligir qualquer país.

Na verdade, porém, não apenas os preços caíram, *mas também a produção de petróleo da Venezuela*. Apesar de estar em cima das maiores

---

[23] TAYLER, Jeffrey. Oliver Stone's Disgraceful Tribute to Hugo Chávez [Vergonhosa Homenagem de "Oliver Stone a Hugo Chávez"]. *Foreign Policy*, 13 mai. 2014. Disponível em: https://foreignpolicy.com/2014/05/13/oliver-stones-disgraceful-tribute-to-hugo-chavez/.

reservas de petróleo conhecidas do mundo, a produção de petróleo estava em seu nível mínimo em vinte e três anos, *graças ao socialismo*. As empresas de petróleo nacionalizadas não mantiveram seus oleodutos e refinarias, porque não tinham fins lucrativos para fazê-lo.

Kevin Grier, um economista colega meu na Texas Tech, é coautor de um estudo empírico interessante, comparando o desempenho da economia da Venezuela durante o *boom* do petróleo com as economias de países semelhantes, mas não socialistas. Adivinha? A economia da Venezuela havia melhorado, mas menos do que a dos outros países. Na verdade, Kevin diz que, se a Venezuela não tivesse seguido as políticas socialistas, a renda venezuelana teria sido de 20% a 30% mais alta. Os altos preços do petróleo esconderam que a Venezuela estava ficando economicamente atrás de seus vizinhos e apenas mantendo o ritmo quando se tratava de medições de pobreza e mortalidade infantil. Depois da queda dos preços do petróleo, a máscara foi retirada.

Então, com a produção ruindo e as receitas do petróleo secando, de onde o governo venezuelano está obtendo seu dinheiro? Isso é fácil. Eles dirigem uma máquina de impressão de moeda, e você não precisa ser um economista bêbado para saber que isso resulta em inflação. A cada ano, os preços estão subindo cada vez mais rápido. Segundo relatos da mídia, subiram de mais de 30%, em 2008, para 1.600%, em 2016. Hoje, é ainda pior. Apenas em março e abril de 2018, a inflação foi estimada em 18.000%[24]. Na realidade, é quase impossível medir a inflação adequadamente em um país com escassez tão grande e preços controlados.

A hiperinflação é uma das coisas mais destrutivas que um governo pode fazer à economia. Ela devasta os balanços dos bancos e de outros credores e, como resultado, a oferta e a tomada de empréstimos são paralisadas. Praticamente todas as casas, fábricas e negócios que você já viu, foram criados com fundos emprestados, e bancos falidos significam que não haverá novas casas, fábricas ou negócios. A inflação destrói a poupança e a capacidade das pessoas de fazerem planos

---

[24] DELGADO, Antonio Maria. In Venezuela, Inflation Quadruples to 18,000 Percent in Two Months, With No End in Sight [Na Venezuela, a Inflação Quadruplica para 18.000 Por Cento em Dois Meses, Sem Fim à Vista]. *Miami Herald*, 2 mai. 2018. Disponível em: http://www.miamiherald.com/news/nation-world/world/americas/venezuela/article210282264.html.

de longo prazo, transformando toda a economia em uma tentativa de gastar dinheiro o mais rápido possível, antes que ele perca seu valor.

Deixamos nossa última cerveja gelada para trás e aventuramo-nos de volta no corpo a corpo de compradores. Perguntamos a Julian se poderíamos conseguir alguma moeda venezuelana. Tínhamos apenas alguns pesos colombianos, e ele não tinha certeza se aceitariam dólares. Havia negociantes de aparência oficial em quiosques e dezenas de negociantes não oficiais vagando pelas ruas.

Bob, com uma nota de US$20 na mão, aproximou-se de um sujeito e fingiu que gostaria de trocá-la por *bolívares*. O cara entregou uma pilha de trinta centímetros de notas de cem *bolívares*, o valor mais alto em circulação na época. Bob perguntou se ele tinha notas menores, e ele riu, vasculhou sua bolsa e jogou alguns maços de notas de vinte e cinquenta: "¡*Gratis*!", riu ele.

Você precisaria de uma pilha de *bolívares* de pelo menos um metro e meio para comprar algo no valor de US$100. Segundo Julian, eles nem mesmo contam as notas em grandes transações. Eles apenas as pesam. Na verdade, notamos alguns venezuelanos, com uma bagagem aparentemente pesada, *entrando* na Colômbia. De repente, percebemos que as malas chegavam cheias de dinheiro.

Pensamos em levar a pilha quase inútil de notas a um clube de *strip* em Cúcuta, para "fazer chover", porém, decidimos não ser muito prudente irritar strippers colombianas. No final, optamos por fazer nossa pequena parte para combater a inflação venezuelana tirando o dinheiro de circulação e levando a pilha de notas para casa, como *souvenirs*.

Enquanto caminhávamos em direção à fila de táxis amarelos, que esperavam para levar os venezuelanos mais ricos, e nós, para Cúcuta, Bob perguntou a um transeunte, "*¿Por qué vienes aquí?*". Por que você vem aqui?

Ele olhou para o outro lado da ponte que acabara de cruzar e simplesmente murmurou, "*No hay nada allí*". Não há nada ali.

Durante grande parte de 2017, o sucessor de Chávez, o presidente Nicolás Maduro, teve um índice de aprovação que oscilou entre 20% e 30%, e protestos antigovernamentais foram abundantes. Entretanto, Maduro foi reeleito em 2018, em meio à, como disse o *New York Times*, "desilusão generalizada", com "mais da metade dos eleitores não votando", e críticos alegando que a eleição tinha sido "fortemente fraudada"[25].

Isso não deve surpreender ninguém, porque a liberdade política não pode sobreviver sem um grande grau de liberdade econômica. Em seu livro de 1944, *O Caminho da Servidão*, Friedrich Hayek argumentou que uma economia capitalista competitiva é necessária para sustentar a democracia e, uma vez que um país se torne "dominado por um credo coletivista, a democracia inevitavelmente se destruirá"[26].

Da mesma forma, em 1962, Milton Friedman observou:

> A evidência histórica fala em uníssono, sobre a relação entre a liberdade política e um mercado livre. Não conheço nenhum exemplo, no tempo ou lugar, de uma sociedade que tenha sido marcada por uma grande medida de liberdade política, e que também não tenha usado algo comparável a um livre mercado, para organizar o grosso da atividade econômica[27].

A razão é simples. Os sistemas econômicos socialistas centralmente planejados concentram, necessariamente, o poder econômico nas mãos dos planejadores do governo que podem, por meio de seus decretos econômicos, punir os dissidentes. Foi exatamente o que aconteceu na Venezuela, onde funcionários do Estado foram demitidos por assinarem uma petição exigindo a revogação da eleição de Maduro. Em 2017, o presidente Maduro ordenou uma eleição especial para uma Assembleia Constituinte que poderia reescrever a Constituição, dando-lhe ainda mais poder. Enquanto a oposição pedia um boicote eleitoral, o governo ameaçava novamente os funcionários do Estado a apoiarem Maduro, ou seriam despedidos. De acordo com a *Reuters*, o

---

[25] NEUMAN, William; CASEY, Nicholas. "Venezuela Election Won By Maduro Amid Widespread Disillusionment" [Eleição na Venezuela Ganha por Maduro em Meio à Ampla Desilusão]. *New York Times*, 20 mai. 2018. Disponível em: https://www.nytimes.com/2018/05/20/world/americas/venezuela-election.html.
[26] HAYEK, Friedrich. *The Road to Serfdom*. Chicago: University of Chicago Press, 1944, p. 69–70. No Brasil temos a seguinte edição: HAYEK, Friedrich. *O Caminho da servidão*. 6ª Ed. São Paulo: LVM, 2010. (N. E.)
[27] FRIEDMAN, Milton. *Capitalism and Freedom*. Chicago: University of Chicago Press, 1962, p. 9. No Brasil temos a seguinte edição: FRIEDMAN, Milton. *Capitalismo e liberdade*. Rio de Janeiro: LTC, 2014. (N. E.)

vice-presidente da estatal petrolífera, Petroleos de Venezuela SA, disse a seus funcionários: "Qualquer gerente, superintendente e supervisor que tente bloquear a Assembleia Constituinte, que não vote, ou cujo pessoal não vote, deve deixar o emprego na segunda-feira"[28].

Durante a eleição presidencial de 2018, o governo proibiu os maiores partidos da oposição, reprimiu violentamente os protestos antigovernamentais e adiou a eleição em sete meses, para dificultar os adversários. Muitos eleitores foram diretamente da cabine de votação para os "Pontos Vermelhos" próximos, onde o governo verificava seus documentos de identidade e distribuía comida - essencialmente, um suborno para votar.

Finalmente, em 2019, uma crise constitucional irrompeu enquanto Juan Guaidó foi declarado presidente interino pela Assembleia Nacional, controlada pela oposição. Ele foi rapidamente reconhecido pelos Estados Unidos, e pela maioria das nações do Hemisfério Ocidental e da Europa, como o legítimo líder do país. Enquanto escrevo isto, os militares venezuelanos, bem como os suspeitos de sempre (Cuba, Coreia do Norte, Nicarágua, etc.), estão ao lado de Maduro. O partido de Guaidó, embora menos radical que o de Maduro, é membro da Internacional Socialista, por isso temos as nossas dúvidas sobre se esta mudança realmente fará diferença.

A Venezuela começou sua experiência com o socialismo democrático há vinte anos. Apesar de suas origens democráticas e de um golpe de sorte com o *boom* do petróleo, o socialismo falhou na Venezuela como falhou em todos os outros lugares, trazendo, em seu rastro, miséria econômica e tirania política.

---

[28] ULMER, Alexandra. "Phone Calls, Dismissal Threats: Venezuela Pressures State Workers to Vote" [Telefonemas, Ameaças de Demissão: Venezuela Pressiona Funcionários Públicos a Votar]. *Reuters*, 30 jul. 2017. Disponível em: https://mobile.reuters.com/article/amp/idUSKBN1AE08P.

CAPÍTULO 2

CAPÍTULO 2
SOCIALISMO DE SUBSISTÊNCIA: CUBA

Maio de 2016

Mesmo durante o período em que o presidente Obama relaxou as regras de viagem, os americanos tinham dificuldade em chegar a Cuba. Segundo nossas leis, é ilegal para turistas americanos visitarem a ilha. Porém, como professores, Bob e eu podemos ir para fins de pesquisa.

Não havia voos comerciais dos Estados Unidos para Cuba quando viajamos para lá, em 2016, mas você poderia chegar lá em um voo fretado[29]. Reservamos dois assentos para o voo de 41 minutos, de Miami a Havana, por incríveis US$ 459 cada. Nossos voos comerciais, do Texas para Miami, custam mais algumas centenas de dólares cada. Uma passagem de US$ 700 pode levá-lo a Londres ou a Paris. Ao invés disso, pousamos em Havana.

Quando descemos do avião fretado para a pista, às 8h30, parecia qualquer lugar do Caribe - quente e úmido, mas não desagradável. Na verdade, nada foi desagradável no início. Passamos pela alfândega com o mínimo de aborrecimento e trocamos US$ 1 mil por pesos conversíveis. Normalmente, nenhum de nós trocaria tanto no aeroporto, uma vez que os aeroportos oferecem algumas das piores taxas de câmbio que você encontrará quando viaja. Cuba é diferente. O

---

[29] O serviço aéreo comercial para Cuba dos Estados Unidos foi restaurado em 31 de agosto de 2016.

governo é dono de todos os bancos, hotéis e balcões de câmbio e oferece a mesma taxa em todos os lugares. Você não consegue encontrar um negócio melhor, então não vale a pena tentar.

Independentemente de seu sistema econômico, quase todos os países têm alguns bons hotéis e restaurantes. Em economias dirigidas pelo governo, uma quantia desproporcional de dinheiro é gasta nos desejos dos líderes políticos - normalmente, grandes equipes esportivas olímpicas e alguns hotéis e restaurantes de vitrine para impressionar os estrangeiros. No caso de Cuba, isso incluía o opulento Hotel Nacional, supostamente um dos melhores hotéis do mundo. Entretanto, tínhamos a missão de ver como era a vida dentro do sistema socialista de Cuba. Não poderíamos experimentar isso bebendo cuba-libres em um resort chique, e tampouco iríamos falsear tudo. Nenhum de nós gosta de sofrimento desnecessário.

Nossa primeira noite foi em um suposto hotel três estrelas na costa, nos subúrbios ocidentais de Havana, recomendado pelo amigo mexicano de Bob, José Torra. Nossa reserva incluía um traslado do aeroporto, mas o motorista nunca apareceu. Os táxis eram abundantes, então não foi um grande problema. Pegamos um carro moderno, amarelo, de fabricação chinesa, com ar-condicionado, e pagamos uma tarifa de US$25. Não sabíamos na época, mas seria o melhor carro em que entraríamos até nossas esposas nos buscarem em nossos respectivos aeroportos, uma semana depois.

O Hotel Neptuno Tritón foi inaugurado em 1979, no auge da cooperação cubano-soviética. Tem duas torres, cada uma parecendo um conjunto habitacional soviético, projetando-se cerca de vinte andares no céu. As torres já foram de um branco cintilante, se é que se pode acreditar no pôster no saguão do hotel, porém, trinta e sete anos de emissões de óleo diesel e negligência transformaram-nas em um bege doentio. A maioria das janelas dos andares superiores estava quebrada.

O lobby, embora não tivesse ar-condicionado, era bem conservado. Bob reservou dois quartos, por US$ 33 cada, com seu cartão de crédito, por meio de um site britânico. Graças às regras do governo americano, contra as empresas americanas que fazem negócios com Cuba, os cartões de crédito americanos não funcionam em nenhum lugar da ilha. Reservar com um intermediário britânico é uma solução alternativa. Bob caminhou até o balcão de registro e disse, "*Tenemos una reservacion*".

O espanhol de Bob é melhor que o meu, em outras palavras, ele *habla poco*. Aprendi o pouco de espanhol que conheço viajando por países de língua espanhola e jogando basquete com porto-riquenhos. Isso significa que posso fazer pedidos em restaurantes e bares, exigir uma bola de basquete e expressar meu descontentamento quando não conseguir. Bob foi quem mais falou nesta viagem.

A recepcionista digitava freneticamente em seu computador enquanto envolvia Bob em uma conversa, igualmente frenética, em *espanglês*.

Ele me disse: "Eles não conseguem encontrar nossa reserva. Ela entrará em contato com a empresa britânica, e recomenda esperarmos no saguão". Ao invés disso, optamos por esperar no bar.

Cristal é a cerveja mais leve de Cuba, com 4,9% de álcool. A outra cerveja, Bucanero, é um pouco mais forte, com 5,5%, e tem um pouco mais de sabor. Essa é a extensão da variedade de cerveja em Cuba. Ora, mas é melhor do que a Venezuela. Pelo menos Cuba não ficou sem cerveja, embora a escassez de cerveja também tenha ocorrido aqui[30].

Duas Cristal depois, a recepcionista gesticulou para que Bob voltasse ao balcão. Ela não conseguiu entrar em contato com a empresa britânica. Bob resolveu o problema da maneira capitalista. Ele pagou US$60, em dinheiro, por um quarto com duas camas.

Duas *cervezas* não me deram "óculos de cerveja" fortes o suficiente para ignorar a má qualidade do hotel. Três dos quatro elevadores estavam fora de serviço. Nós esperamos o que pareceu uma eternidade antes de decidirmos subir os cinco lances de escada com nossas malas. Encontramos nosso quarto no final do corredor escuro, e Bob precisou tanto da chave quanto do ombro para abrir a porta.

---

[30] COWBURN, Ashley. "Cubans Facing Beer Shortage As Thirsty American Tourists Put Island's Main Brewery Under Strain" [Cubanos Enfrentam Escassez de Cerveja Enquanto Turistas Americanos Sedentos Colocam a Principal Cervejaria da Ilha Sob Pressão]. *The Independent*, 10 abr. 2016. Disponível em: https://www.independent.co.uk/news/world/americas/cubans-facing-beer-shortage-as- american-tourist-influx-puts-island-s-main-brewery-under-strain-a6977156.html.

No início, o quarto parecia bom. As camas estavam bem-feitas, e apesar de estar faltando um dos botões, o ar-condicionado ligou e soprou ar frio. Isso foi importante, já que eu estava suando como uma puta na igreja depois de subir todas aquelas escadas.

Da varanda, com sua grade de vidro rachada, tínhamos uma vista para o oceano, para a torre gêmea deteriorada e para um pátio abandonado. Entretanto, o banheiro era a verdadeira joia. Um dos painéis de metal do teto estava faltando, havia mofo por toda parte e, como descobriríamos na manhã seguinte, água corrente não era garantida.

Bob e eu subimos muitas montanhas juntos e passamos muitas noites dormindo no chão. Definitivamente, já havíamos ficado sem encanamento interno. Não era nada com que não pudéssemos lidar. Decidimos ir relaxar na piscina.

Felizmente, pegamos o elevador quando ele parou em nosso andar com um estrondo. Estava lotado de pessoas e seus pertences, e à medida que nos espremíamos, tive uma ideia de como seria sair de Cuba de barco.

A piscina não era melhor. Latas de cerveja vazias flutuavam na água turva. Os vinte lugares do bar submerso há muito haviam se deteriorado e o espelho atrás do bar estava quebrado. Felizmente, havia uma lanchonete que vendia cerveja. Nosso ambiente decadente no hotel foi, em grande parte, compensado pela bela vista do oceano, desde que você ignorasse a praia cheia de lixo e o tanque de óleo abandonado, meio submerso, na areia rochosa.

Antes da revolução, Cuba tinha uma classe média urbana próspera, junto à pobreza rural generalizada. Os socialistas do século XX alegavam que o socialismo proporcionaria maior igualdade, superando o capitalismo, em vez de acabar com a competição perdulária, os ciclos de negócios e os monopólios predatórios. O socialismo não entregou os bens prometidos a Cuba, ou a qualquer outro lugar. Hoje, Cuba é um país pobre, tornado mais pobre pelo socialismo.

Eis o porquê: quase cem anos atrás, o economista austríaco Ludwig von Mises explicou que o socialismo, mesmo se administrado por déspotas benevolentes e povoado de trabalhadores dispostos a trabalhar para o bem comum, ainda não poderia se igualar ao desempenho do capitalismo. O socialismo exige a abolição da propriedade privada dos meios de produção. Entretanto, a propriedade privada é necessária para que a livre troca de trabalho, capital e bens estabeleça preços adequados. Sem preços adequados, os planejadores socialistas não podiam saber quais bens de consumo seriam necessários ou a melhor forma de produzi-los. Muitas vezes, os planejadores socialistas compensam sua falta de preços de mercado ao se basearem nos preços dos países capitalistas estrangeiros, ou nos preços do mercado negro de seu próprio país. Entretanto, os preços do mercado externo e os preços internos do mercado negro são, obviamente, equivalentes pobres para os preços do livre mercado local - outra maneira de dizer preços "corretos".

O socialismo também dá um tremendo poder aos funcionários do governo e aos burocratas planejadores do sistema, e com esse poder vêm a corrupção, o abuso e a tirania. Não por acaso, os piores "democídios" do século XX ocorreram em países socialistas, como a União Soviética, a China comunista, e a Alemanha nazista (nacional-socialista), cujos planejadores decidiram, simplesmente, eliminar as populações que julgavam interferir em seus planos[31].

Os "democídios" foram justificados em nome da criação de um "novo homem socialista", um trabalhador perfeito, que superaria seu colega capitalista explorado, mas esse cara nunca apareceu. Os trabalhadores socialistas apresentam desempenho cronicamente inferior porque eles, e seus gerentes, não são recompensados por seu desempenho. Trabalhadores e gerentes, em um sistema capitalista, são recompensados e, portanto, têm um incentivo para fazer melhor, inovar, experimentar e obter novos conhecimentos e habilidades.

O edifício decadente do Hotel Tritón foi um tributo em ruínas aos problemas de planejamento central de Cuba. Cuba tinha os recursos para fazer grandes investimentos de capital em empresas estatais quando recebeu ajuda da União Soviética. Contudo, muitos desses hotéis não conseguem gerar receita suficiente para sustentar o investimento inicial. Os planejadores do governo cubano precisaram então

---

[31] Embora os nacional-socialistas da Alemanha e os fascistas da Itália não fossem socialistas marxistas, suas ideologias eram explicitamente socialistas.

escolher quais hotéis subsidiar para evitar a decadência. O Hotel Tritón não foi aprovado. Estava apodrecendo, por dentro e por fora. E ninguém se importou, porque ninguém era dono dele.

Depois de cerca de meia hora sentado à beira da piscina, eu já tinha relaxado o suficiente. "Este lugar é péssimo".

"O socialismo é péssimo", disse Bob, enquanto esvaziava sua cerveja. "Vamos entrar na cidade e ver o que está acontecendo".

Depois de um passeio de trinta minutos em um Lada de fabricação soviética, que é mais bem descrito como um carro Matchbox em tamanho real, sem acessórios, nosso motorista deixou-nos em La Habana Vieja, ou Havana Velha. A maioria dos turistas visita esse distrito para ver as igrejas antigas e o forte histórico, mas estávamos lá para ver o comércio. Descobrimos que cinquenta e oito anos de socialismo não conseguiram reprimir o espírito empreendedor do povo cubano.

"*Señor*, você quer charutos? É um dia especial. Cinquenta por cento de desconto nos Cohibas. Venha comigo".

Ouvimos cerca de dez versões diferentes do mesmo argumento de venda, dezenas de vezes, durante nossa viagem. Aparentemente, todo dia era um "dia especial", e quase todos os cubanos nas ruas tinham um lugar onde conseguiríamos charutos cubanos "autênticos", com um desconto substancial. Lojas e fábricas operadas pelo governo monopolizam os Cohibas, e outras marcas de nome, e os vendem a preços que poucos cubanos podem pagar, logo os cubanos fumam charutos mais baratos, e os vendedores ambulantes enganam os turistas para comprá--los, embalados com rótulos de marcas famosas e caixas dignas de lembranças. Parece um grande negócio. E é - para os vendedores.

Para ser justo, nem todos os empresários de rua eram fraudes. Muitos cubanos amontoavam-se em escadas e outros nichos, onde exibiam pinturas, ou outros artesanatos, para venda. Porém, nenhum desses bens era vendido em estabelecimentos comerciais permanentes.

Após dez minutos de caminhada, Bob observou, calmamente: "Não há lojas. Não há publicidade". Não era totalmente verdade. Havia algumas lojas, mas a escassez de comércio normal era impressionante.

Em uma economia capitalista, os empreendedores criam negócios para obter lucros, conquistados ao agradar seus clientes. Entretanto, em um sistema socialista, um burocrata decide quais empresas podem abrir, onde podem operar e o que podem vender, e ele realmente não se importa com o que o cliente pensa. Adotar um sistema socialista é como transformar toda a sua economia em um gigantesco Detran.

Nossa estratégia para conhecer Havana era simples: caminhar até sentir calor demais, parar para tomar uma cerveja até nos sentirmos revigorados e repetir quantas vezes fosse necessário. A ausência de placas comerciais tornou isso mais difícil do que se poderia imaginar. Restaurantes e bares eram fáceis de identificar, uma vez que estivéssemos em frente a eles. Entretanto, era difícil parar em qualquer esquina e distinguir ruas residenciais de ruas comerciais. Esse não é um sintoma de pobreza. Vá a qualquer país pobre não socialista do mundo e não faltarão anúncios e letreiros. As cervejarias subsidiam os letreiros de varejistas, servindo seus produtos em quase todos os países do globo. Porém, não em Cuba. O problema é: ninguém ganha mais ou menos dinheiro, quer você entre na loja ou não. Logo, ninguém dá a mínima para colocar uma placa.

Em uma cervejaria no centro de Havana, bem longe da área turística de Habana Vieja, encontramo-nos no meio de uma multidão de *happy hour*. Havia muitas mulheres jovens atraentes. A música estava alta e muito boa, e o álcool estava fluindo.

Só para constar, Bob e eu nos casamos com nossas namoradas do ensino médio, e embora possamos beber muito durante a viagem, não estamos procurando sexo. Os riscos de doença e divórcio são um preço muito alto a pagar por uma trepada rápida (e, porque sabemos que nossas esposas vão ler isto: também é muito, muito errado).

Uma *chica* jovem puxou conversa em espanhol com Bob e convidou-nos para curtir com ela e seus amigos. Sabíamos o que fazer naquele ponto. Na melhor das hipóteses, estavam procurando alguns turistas ricos para lhes comprar comida e bebida a noite toda. Na pior das hipóteses, acabaríamos machucados, e nus, nos arredores de Havana. Bob recusou várias vezes até ela ir embora. Quando saímos, uma *chica* diferente seguiu-nos para repetir a mesma oferta, mas com algo obviamente mais explícito em mente.

No centro de Havana, a falta de comércio não relacionado a tabaco, álcool ou sexo era impressionante. *Habaneros* viviam nesses bairros. Então, onde eles faziam compras?

SOCIALISMO AMARGO

Encontramos uma loja que era uma grande sala aberta, com tetos altos e colunas de suporte de cimento. O espaço poderia, facilmente, abrigar uma fábrica. Ao invés disso, no lado direito da sala, havia uma longa lanchonete laranja, com frango frito, arroz e banana frita no cardápio. No lado esquerdo da sala, atrás de um balcão, havia prateleiras com garrafas de rum, caixas de cola local, alguns enlatados, caixas de ovos e grandes sacos de arroz ao lado de uma balança. Uma fila de cubanos fazia suas compras através do balcão. O lugar era uma mistura estranha, algo entre a pior versão imaginável de um refeitório de escola primária e uma mercearia, onde 95% do estoque está esgotado.

O número limitado de opções de produtos e o mix de produtos eclético, até mesmo ilógico, são típicos das lojas cubanas. Uma pequena loja em uma avenida principal do centro de Havana vendia encanamentos, vestidos, velas e algum tipo de material de limpeza. Encontramos uma loja ao estilo conveniência, onde você imaginaria encontrar: refrigerantes, sucos, água engarrafada, salgadinhos, cigarros e alguns produtos enlatados. Entretanto, nessa loja, e em todas as outras, em cada categoria de produto, você tinha uma escolha, fosse um tipo de detergente, um tipo de toalha de papel ou uma marca de farinha. Bob tentou tirar uma foto, mas um balconista disse a ele que fotos não eram permitidas nas lojas.

A economia socialista de Cuba consegue produzir alguns itens, mas observe a total falta de variedade.

Quase por acidente, encontramos um *shopping center* coberto. Não vimos nenhum letreiro, mas aconteceu quando alguém abriu a porta, presenteando-nos com uma rajada refrescante de ar-condicionado. A seleção de produtos aqui era um pouco melhor, mas ainda muito limitada. Bob resumiu a cena de compras de Havana em quatro palavras: "Isso é simplesmente triste". Tentei encontrar uma Coca-Cola, mas claro que isso foi quase impossível. Eles tinham apenas sua única marca, que chamei de "Coca-Comuna".

Mesmo assim, nem tudo em Cuba é totalmente estatal. Em 1997, tornou-se legal para os cubanos registrar uma empresa e alugar até dois quartos em suas residências privadas. Mais recentemente, a restrição de dois cômodos foi suspensa e os proprietários foram autorizados a contratar membros não familiares para trabalhar para eles. O imposto estadual por cômodo foi reduzido em 25%. Desde então, o mercado de imóveis para locação floresceu.

Para investigar o contraste entre os hotéis estatais e as *casas particulares*, de posse privada, eu reservei duas noites em uma casa no centro de Havana. A proprietária era casada com um irlandês e morava a maior parte do ano na Irlanda, porém uma vizinha chamada Laura encontrou-nos do lado de fora do prédio de três andares. O exterior era normal - branco com tinta verde e varandas na maioria das unidades, com varais pendurados nelas.

Laura cumprimentou-nos prontamente e, ao contrário do Hotel Tritón, tinha registro do nosso pagamento por meio do *Airbnb*. No topo de dois lances de escada, ela abriu a porta de um apartamento de dois quartos, bem cuidado. Havia uma sala de estar e cozinha compacta combinadas, um quarto com cama de casal e outro com duas camas de solteiro. O banheiro era limpo, abastecido com papel higiênico e tinha água quente confiável. Os dois aparelhos de ar-condicionado funcionavam bem e a varanda tinha vista para o mar e para o Malecón, o famoso calçadão à beira-mar de Havana. Bob não tinha certeza do que Malecón queria dizer, mas brincou que poderia ser traduzido como "má economia", e isso soava certo. Por US$57 por noite, o apartamento era US$3 mais barato do que o Hotel Tritón, mas muito mais agradável e em uma localização muito melhor.

A grande diferença entre o hotel administrado pelo governo e o aluguel de um apartamento privado não foi por acaso. Depois de passar duas noites em nossa *casa particular* no centro de Havana, fizemos uma viagem exaustiva de seis horas até a antiga cidade colonial espanhola de Trinidad, na Costa Centro-Sul. Trinidad, fundada em 1514, era um importante centro do comércio de açúcar e escravos e, em 1988, foi declarada Patrimônio Mundial da UNESCO. Chegamos sem reserva de hospedagem, pois havíamos lido no guia que havia mais de quinhentos apartamentos privados, e quartos, disponíveis para alugar na pequena cidade.

Nosso motorista empreendedor tentou nos indicar a casa particular de um amigo, mas nós recusamos. Sentimos que havíamos pagado a mais pelo almoço providenciado por ele na viagem e insistimos em ir para a Plaza Mayor, a praça central da cidade. Depois de seis horas suadas ao vento, em um Plymouth de 1951, não nos importávamos onde dormiríamos naquela noite. Só queríamos cerveja gelada, e muita.

Caminhamos cerca de vinte passos e chegamos a um bar de aparência decente, com ventiladores, e estávamos em nossa segunda cerveja quando percebemos que o cara da mesa ao lado estava usando uma velha TV, estilo gabinete, de fabricação russa, dos anos 1950, como cadeira, enquanto duas cadeiras estavam penduradas de cabeça para baixo, na parede próxima, como decoração. Essa imagem capturou perfeitamente a estrutura de preços relativos em Cuba.

Nossa atendente percebeu nossas malas e perguntou se precisávamos de um quarto. A princípio, recusei, porque tínhamos ouvido falar que o valor do quarto subia US$5 quando um intermediário o trazia até sua casa. Entretanto, ela disse que o proprietário tinha um apartamento disponível, em cima do bar. Não arrastar uma bolsa no calor parecia atraente, assim como ter um bar, totalmente abastecido, no andar de baixo! Deixei Bob com as malas e subi para encontrar o proprietário. Bob avisou-me que US$50 era o máximo que estava disposto a pagar.

O quarto era grande, limpo e bem cuidado, com duas camas de solteiro, ar-condicionado gelando e um banheiro confiável, com água quente e fria. Havia um grande pátio com mesas, cadeiras e cinzeiros que seriam ótimos para eu continuar fumando charutos sem parar depois que Bob fosse dormir.

"¿*Le cuenta noche*?" Perguntei ao meu anfitrião, feliz por Bob não estar lá para tirar sarro do meu espanhol horrível.

"*Veinticinco*". US$25. Fechamos por duas noites.

Voltamos ao centro de Havana dois dias depois, novamente sem reserva. Tínhamos planejado continuar hospedados em *casas particulares*, uma vez que as outras duas haviam sido tão legais. Entretanto, depois da longa viagem, estávamos novamente com calor, maltratados e mal-humorados, logo as prioridades eram cerveja e comida, nessa ordem. A cerca de dez minutos a pé do Capitólio, encontramos um lugar para almoçar, com uma varanda e uma brisa, em uma das antigas avenidas principais, que tinha uma trilha larga e arborizada em seu centro. O Hotel Caribbean, de propriedade do governo, ficava duas portas adiante.

Pedi a Bob que desse uma olhada, porque estava cansado de arrastar minha mala no calor. Bob pediu aos funcionários do hotel para mostrarem a ele o quarto antes de fazer a reserva. Só posso presumir que o ar-condicionado gelado o tenha dessensibilizado para a sujeira que o cercava, porque o reservou por US$50 a noite.

Sim, o ar-condicionado era refrescante. Contudo, a porta do banheiro, quebrada, o assento do vaso sanitário, rachado, o bolor do chuveiro, a falta de água quente, as sobras de sabão usado pelo hóspede anterior, o buraco na minha toalha, a mancha de aparência suspeita na toalha de Bob e os copos usados saídos de um saco rotulado como "higienizado" eram consideravelmente menos impressionantes.

Os hotéis estatais em Cuba são péssimos, mas não porque Cuba é pobre. Eles são péssimos porque ninguém se importa. As pessoas que possuem *casas particulares* se importam, porque lucram quando as pessoas optam por ficar nelas. O desejo por mais dinheiro as leva a reinvestir parte de sua receita para manter e melhorar sua propriedade, de modo que mais pessoas escolham ficar com elas no futuro.

Os direitos de propriedade privada dão às pessoas o incentivo para preservar recursos (como habitação) para o futuro. Os gestores dos hotéis estatais não têm o mesmo incentivo, porque não se beneficiam de o hotel estar em melhores condições no futuro.

O que vale para hospedagem também vale para comida, como descobrimos ao longo de nossa viagem. Em nossa segunda manhã em Havana, depois de deixarmos o Hotel Tritón, pedimos a um taxista para nos deixar em um restaurante perto de nossa *casa particular*. Ele nos deixou em frente a um edifício indefinido, de vários andares. Havia uma grande porta aberta e uma escada bem conservada, porém, fora isso, nada distinguia esse edifício de qualquer outro. Assim que subimos as escadas, as coisas ficaram totalmente diferentes.

El Guajirito é um dos aproximadamente dois mil restaurantes particulares em Havana. Cuba começou a permitir restaurantes privados em 1993. Contudo, naquela época, eles eram limitados a não mais que doze lugares, proibidos de servir frutos do mar e carne bovina e obrigados a pagar impostos muito altos. Em 2010, a mídia estatal oficial informou: em toda a Havana, não mais do que setenta e quatro restaurantes particulares estavam operando. Em 2011, as restrições foram relaxadas. Agora, restaurantes podiam acomodar até cinquenta pessoas. As proibições de servir carne e frutos do mar também foram suspensas.

El Guajirito tinha três grandes salas de jantar com ar-condicionado e um bar bem abastecido. Todo o lugar era decorado com uma espécie de tema caubói latino-americano. A grande cozinha de aço inoxidável, de nível comercial, poderia estar em qualquer restaurante sofisticado nos Estados Unidos.

Bob estava tão ansioso para comer lá quanto eu. "Este lugar passaria em qualquer inspeção sanitária nos Estados Unidos". A quantidade de capital investido era realmente impressionante.

"O talento local também é bom". Bob apontou para uma garçonete jovem e atraente, usando uma saia curta, uma blusa sexy ao estilo caubói e um chapéu de caubói. Todos os garçons eram atraentes e todos falavam inglês tão bem quanto qualquer pessoa que havíamos conhecido em Cuba. Em suma, o capital humano correspondeu ao capital físico investido no local.

Começamos com um coquetel da casa, o qual era mais "feminino" do que esperávamos, e depois pedimos uma garrafa de vinho e um aperitivo. Minha refeição de camarão, cauda de lagosta caribenha e peixe estava muito boa, assim como a *ropa vieja* de Bob.

Durante um mojito de sobremesa, perguntamos ao gerente geral sobre as leis regendo o tamanho dos restaurantes privados, pois este lugar claramente acomodava mais de cinquenta pessoas.

"Espiões americanos! Tentando descobrir nosso sistema!", brincou ele. Engraçado, mas ele estava evitando a pergunta, então perguntamos novamente. Ele finalmente deu de ombros, colocou a mão sobre os olhos e disse: "Bem, eu não sei. Pode haver um pouco [...]", e sua voz sumiu. Pelo que pudemos perceber, isso significava que o restaurante poderia ser grande - não oficialmente, é claro - se você soubesse como operar o sistema. Aprenderíamos mais tarde que alguns restaurantes obtêm licenças separadas para um café e um restaurante, em seguida, combinam-nas para contornar o limite de cinquenta pessoas.

Comemos em restaurantes privados durante a maior parte da semana. Nenhum dos outros era tão chique quanto El Guajirito, mas a maioria servia refeições igualmente boas. E esse era o problema. Os menus eram virtualmente idênticos em todos os lugares. O socialismo alega promover a igualdade, mas frequentemente oferece apenas a mesmice.

Há um limite na quantidade de coisas que os restaurantes de empresas privadas podem fazer para melhorar o cenário culinário de Cuba com seus desafios gastronômicos, uma vez que todos eles enfrentam a mesma dificuldade: obter ingredientes da indústria de alimentos do país, que é controlada pelo Estado. Ao longo da semana, percebemos que as mesmas dúzias de itens estavam em todos os menus, geralmente preparados de forma semelhante. A falta de especiarias e temperos era perceptível. Alguns restaurantes têm "mulas" que contrabandeiam ingredientes dos Estados Unidos, Espanha e México. Tabasco é um item popular para transportar e Bob usava-o em quase todas as refeições.

Depois de uma semana sem variedade em nossas dietas, decidimos, em nossa última noite na ilha, experimentar um restaurante "italiano" de propriedade do Estado que ficava no bulevar principal, entre o ferrado Hotel Caribbean e o Capitol. Ficamos desapontados. Vimos que italiano significava nada além de algumas pizzas básicas e alguns tipos de massa, com os mesmos pratos de frango, porco, frutos do mar e carne que encontramos em todos os outros lugares.

Pedimos duas cervejas e "muçarela do forno" como aperitivo. Dizer que era equivalente ao *queso* do Taco Bell, com pedaços de tomate, seria um insulto ao Taco Bell. Na verdade, era uma panela fumegante de gosma branca e gordurosa. Saímos sem pedir mais e encontramos um restaurante privado no terraço do outro lado da rua. O cardápio tinha o de costume, mas resolvemos escolhê-lo por causa de sua localização.

Na maior parte do mundo, existem compensações entre preço, qualidade e localização. Nos restaurantes cubanos, sejam estatais ou privados, os preços das refeições variavam entre US$15 e US$18, e a qualidade e a variedade eram praticamente as mesmas na maioria dos estabelecimentos. Na América, o preço influencia sua decisão. Bife *versus* hambúrguer? Um bom restaurante com serviço sofisticado, ou um lugar casual? Bebidas mistas ou cerveja? Em Cuba, os preços são iguais em todos os lugares, então comemos muita lagosta, sentamo-nos em locais mais agradáveis ao ar livre e bebemos mais rum do que cerveja.

Tenho certeza de que é tentador ler "lagosta, varandas externas, rum" e pensar: "Isso não parece tão ruim". E, para você, pode não ser. Entretanto, a maioria dos cubanos não tem dinheiro para comer nos lugares onde comemos, e o sistema econômico socialista de Cuba não pode sequer oferecer variedade aos turistas ricos. Depois de uma semana, estávamos cansados da comida. Contudo, poderíamos partir. Os cubanos estão presos à comida ruim (fora dos restaurantes privados), ingredientes limitados e pouca variedade enquanto estiverem presos ao socialismo.

A falta de concorrência e preços de livre mercado, na economia de Cuba, também leva a outras consequências sociais. O colega de Bob na Universidade Metodista do Sul, W. Michael Cox, explica o motivo de Cuba gerar tantos grandes músicos: basicamente, eles recebem o mesmo que todo mundo. Então, por que fazer um trabalho sujo, como encanamento, quando você pode cantar e tocar em um bar? Tal como acontece com a lagosta, varandas externas e rum, isso pode soar bem no início. Entretanto, quando você paga às pessoas o mesmo valor por trabalhos agradáveis e por trabalhos sujos, você fica com canos entupidos e com a falta de água corrente confiável, como experenciamos no Hotel Tritón.

Em nenhum lugar, a confusa estrutura de preços de Cuba foi mais evidente do que no mercado automotivo. Viajando pelo país, vimos muitos carros legais e, embora seja um clichê escrever sobre eles, precisamos admitir que foi muito legal andar por Havana em carros americanos dos anos 1950. Por que os carros são tão antigos? Porque o governo controla o fornecimento de carros por meio de restrições de importação, e as pessoas não podem pagar por eles.

Não há uma maneira confiável de calcular a renda per capita de Cuba. O Banco Mundial nem mesmo tenta contar o número de cubanos vivendo em extrema pobreza, e o índice de liberdade econômica de Bob não inclui Cuba, pois ele não consegue dados confiáveis o suficiente para classificá-la (embora tenhamos certeza de ela estar na parte inferior, junto com a Venezuela). É mais simples calcular o produto interno bruto (PIB) por pessoa em uma economia de mercado. O PIB é apenas uma medida do valor, em dólares, de todos os novos bens e serviços vendidos durante um ano. Nas economias de mercado, em que os preços são formados com base na oferta e demanda, podemos somar todas as transações, chegando a uma aproximação do valor criado nessa economia. Em Cuba, o governo é responsável por muitas das compras e controla os preços. É quase sem sentido somar todas as transações, porque os preços não refletem o valor para os consumidores.

Cerca de 70% dos cubanos trabalham para o Estado com um salário médio de apenas US$ 25 por mês. Claro, isso não inclui os serviços sociais de custo zero, e habitação, e serviços subsidiados como água e luz, então, na realidade, os cubanos são mais ricos do que isso. Ainda assim, embora as estimativas possam variar, o resultado é o seguinte: os cubanos são pobres.

O governo cubano proibiu a importação de carros durante mais de cinquenta anos. Até recentemente, apenas pessoas com "cartas de autorização" especiais do Ministério dos Transportes podiam trazer carros. Em dezembro de 2013, o governo cubano decidiu voltar a importar automóveis gradativamente; os preços, porém, continuaram elevados.

De acordo com os cubanos a quem perguntamos, os carros americanos da década de 1950 - mantidos somente a ponto de poderem funcionar - são vendidos por cerca de US$ 15.000, provavelmente o triplo do que custariam nos Estados Unidos, no mesmo estado de conservação. Surpreendentemente, até mesmo os nojentos Ladas e Moskvitches russos são vendidos por US$ 8.000 a US$ 10.000. Acontece que as lições de oferta e demanda, ensinadas por nós aos nossos alunos todos esses anos, estão corretas. Apesar da baixa renda e, portanto, da baixa demanda por automóveis, se a oferta for restrita o suficiente, os preços dispararão.

Achamos os carros antigos pitorescos e legais quando percorríamos distâncias curtas nos arredores de Havana. Contudo, uma viagem de oito horas, em um Mercury 1958, era uma história diferente. Quando a rodovia estava em boas condições e o ar da manhã circulava livremente pelas grandes janelas, estávamos bem. Porém, quando a estrada se deteriorava, nossa velocidade diminuía, o ar ficava mais quente e a suspensão fraca do velho carro balançava-nos, nos tornávamos dois americanos calorentos e irritadiços, não mais entretidos com as múltiplas "pontes para lugar nenhum" do regime cubano, que se estendem pela rodovia, ou com a tarifa de US$ 150 do nosso motorista (seis vezes o salário médio mensal).

Quando chegamos ao pequeno vilarejo de Puerto Esperanza, na Costa Norte, eu já tinha suado o suficiente para um caso grave de bunda encharcada. Felizmente, havia um bar local à beira-mar e algumas cervejas reforçaram nossa vontade de continuar.

Bob e Ben fazem uma pausa para uma cerveja em seu passeio abafado no interior de Cuba. Os carros americanos antigos não são tão legais em uma viagem de seis horas. As restrições de importação também os tornam ridiculamente caros.

Retomamos nossa jornada para o Leste. Isto é, até a estrada terminar abruptamente, em uma queda de um metro! Os freios a tambor do Mercury nos impediram, por pouco, de cair da borda. O mapa não nos avisou do beco sem saída e era um longo caminho de volta.

No dia seguinte, foi mais do mesmo, em uma viagem quente e desconfortável de seis horas para Trinidad. Dessa vez, contratamos um motorista de um Plymouth 51 azul, por uma tarifa colossal de US$ 200. Pagamos caro por dois dias de viagem quente e miserável, então decidimos nos presentear com uma viagem de ônibus com ar-condicionado de volta a Havana, por um preço de banana de US$ 25. Fomos para a rodoviária, mas antes que pudéssemos comprar nossas passagens, fomos atraídos para longe, com a promessa de um carro com ar-condicionado, dividido com outras duas pessoas, pelo mesmo preço do ônibus. O carro seria muito mais rápido, disseram-nos.

Entretanto, essa garantia era boa demais para ser verdade. O ar-condicionado não estava funcionando no Peugeot de 1991 que veio nos buscar na manhã seguinte. Os outros dois passageiros não apareceram, então esperamos, enquanto o motorista se apressava em encontrar alguém para adicionar ao nosso carro. A suspensão do 1991 foi uma grande melhoria em relação ao Mercury de 58, e reduzimos cerca de uma hora do tempo de direção. Porém, o calor e o vento ainda eram horríveis.

Os cubanos pagam caro por pequenas melhorias na qualidade dos carros. Em qualquer país rico do mundo, aquele Peugeot seria uma velharia de US$ 500, na melhor das hipóteses, o primeiro carro de um colegial. Bob disse: "Cara, se você encontrasse este carro em um lote de carros usados no sul de Dallas, o revendedor o daria pelo custo de registro e título". Mesmo assim, as pessoas com quem conversamos disseram-nos: um Peugeot como aquele poderia ser vendido por mais de US$ 30.000! Sim, você leu certo. Em relação à renda, isso seria o equivalente a US$ 280.000 nos Estados Unidos. Não é à toa que, na maioria das áreas visitadas por nós fora de Havana, os cubanos andam a cavalo ou em carroças puxadas por cavalos.

Refletir sobre os preços dos automóveis em Cuba deixou-nos um pouco desanimados com as perspectivas de reformas de mercado. Não se engane, as reformas estão chegando a Cuba, assim como vieram para a China, e acabarão chegando à Venezuela e à Coreia do Norte. Entretanto, a reforma é difícil.

Um dos problemas da reforma de uma economia socialista é, segundo o economista Gordon Tullock, a chamada "armadilha dos ganhos de transição". Significa que, enquanto as reformas de mercado beneficiam a todos no longo prazo, no curto prazo, algumas pessoas, que nem mesmo estão prosperando no presente, perderão bens valiosos, vinculados ao sistema socialista atual. Por exemplo: alguém pagou US$ 30.000 por aquele Peugeot de 1991. Suas tarifas altas não os estão deixando bem de vida, por causa do alto custo inicial do carro. Esse carro, um dos bens mais valiosos que qualquer cubano pode possuir, tornar-se-á quase inútil quando Cuba permitir amplo acesso a carros novos importados. Se você é um dos milhares de atuais proprietários de automóveis cubanos, não desejará esse acontecimento.

Carros novos não são a única coisa que falta em Cuba. "Onde estão todos os barcos?". Bob questionou-se. Ele parou por um momento e brincou: "Acho que estão todos em Miami". Depois de perceber isso, é difícil perceber qualquer outra coisa. O porto de Havana e outras áreas costeiras que visitamos estavam desprovidos de barcos. Sem veleiros, sem *jet skis*, sem balsas, *nada*. Você precisava se perguntar como eles conseguiam seus frutos do mar. Em uma ocasião, vimos um punhado de pequenos barcos de pesca atracados em Puerto Esperanza, mas, fora isso, era simplesmente estranho. Nenhum país é pobre demais para comprar veleiros, mas o porto de Havana estava vazio.

Assim como não vimos barcos no porto, do lado de fora do aeroporto também não vimos aviões. À noite, Havana, uma cidade de dois milhões de habitantes, é assustadoramente silenciosa. Você raramente ouve qualquer tráfego.

Esse silêncio ajuda a explicar uma anomalia cubana. As estatísticas de saúde cubanas são notavelmente boas para um país tão pobre. Normalmente, riqueza e saúde andam juntas. A maioria das pessoas de tendência esquerdista nos Estados Unidos atribuirá as notáveis estatísticas de saúde de Cuba à sua medicina socializada. O segundo resultado (logo atrás da Wikipedia), em uma pesquisa do *Google* por "Saúde de Cuba", é um artigo do *HuffPost*, intitulado "Sistema de Saúde de Cuba: Um Modelo para o Mundo". A diretora-geral da

Organização Mundial da Saúde, Margaret Chan, é citada no artigo elogiando a liderança de Cuba, por "ter feito da saúde um pilar essencial do desenvolvimento"[32].

As estatísticas oficiais de saúde cubanas são impressionantes. A expectativa de vida em Cuba é de 79,5 anos, e a taxa de mortalidade infantil é de 4,4 mortes por mil nascidos vivos. Ambos os números são melhores do que os mesmos números para os Estados Unidos. Entretanto, também sabemos que os hospitais usados pela maioria dos cubanos são tão mal equipados que muitas vezes as pessoas precisam trazer seus próprios lençóis. O que acontece? O silêncio faz parte da resposta.

A falta de automóveis também significa falta de fatalidades no trânsito. Como os acidentes automobilísticos são uma das principais causas de morte entre os jovens, a falta de automóveis tem um impacto desproporcional nas estatísticas de expectativa de vida, por motivos em nada relacionados a cuidados de saúde.

A baixa taxa de mortalidade infantil é produto da manipulação de dados. Com setenta e dois abortos por cem nascimentos, Cuba tem uma das taxas de aborto mais altas do mundo, e os médicos cubanos rotineiramente obrigam as mulheres a abortar gestações de alto risco, de forma que os burocratas cubanos possam se gabar de suas estatísticas de saúde. Se você corrigir os dados levando em conta esses fatores, as estatísticas de saúde de Cuba parecem muito menos impressionantes[33].

Em uma noite tranquila, caminhamos até o Malecón para beber. O Malecón é o paredão ao longo da baía, onde as pessoas vão passear à noite. O céu fica romanticamente vermelho ao pôr do sol, tornando-o particularmente popular entre os jovens casais. Esse é um bem imóvel de classe mundial. No trecho que percorremos, de cerca de um quilômetro e meio, havia cerca de três restaurantes administrados pelo governo. É isso. Três. Passamos por prédios decrépitos,

---

[32] LAMRANI, Salim. "Cuba's Health Care System: A Model For the World" [Sistema de Saúde de Cuba: um Modelo Para o Mundo]. *HuffPost*, 8 ago. 2014. Disponível em: https://www.huffingtonpost.com/salim-lamrani/cubas-health-care-system-_b_5649968.html.

[33] BERDINE, Gilbert; GELOSO, Vincent; POWELL, Benjamin. "Cuban Longevity: Health Care or Repression?" [Longevidade Cubana: Saúde ou Repressão?]. *Health Policy and Planning* 33, n. 6, 2018, p. 755–57.

parecendo vazios, mas provavelmente ainda serviam de habitação, e vários lotes vazios sendo semeados. Você consegue imaginar edifícios decadentes e terrenos baldios, por quilômetros a fio, em qualquer cidade litorânea do mundo? Simplesmente não faz sentido, pelo menos não em um mundo com um sistema de preços em funcionamento, onde bens imóveis de alto valor atraem investimentos.

Bob decidiu que precisávamos ver a Universidade de Havana e depois a Plaza de la Revolución, para a *selfie* turística obrigatória com a famosa imagem daquele bandido assassino, racista e homofóbico, Che Guevara. Imagens do "herói" argentino da revolução cubana adornam mercadorias em todo o mundo. Seja uma camiseta ou um chapéu, uma caneca de café ou um isqueiro, a iniciativa privada, em uma ironia maravilhosa, forneceu aos esquerdistas não pensantes um suprimento infinito de maneiras de usar a imagem de Che.

Infelizmente, para os cubanos, Che não era tão bom em planejar a produção quanto os capitalistas foram em estampar sua imagem nas mercadorias. Durante os períodos de Che como chefe do Banco Nacional de Cuba, ministro das finanças e ministro da indústria, Cuba não só falhou em se industrializar (como prometido), mas sua produção de açúcar entrou em colapso e um racionamento severo foi introduzido.

Che era um mau economista e um humanitário ainda pior. Ele enviou dissidentes, homossexuais, católicos, testemunhas de Jeová, padres afro-cubanos e outros considerados indesejáveis, para campos de concentração, onde faziam trabalhos forçados. Quando dirigiu a prisão de La Cabaña, ele conduziu falsos julgamentos militares para "inimigos da revolução". Os julgamentos careciam de qualquer aparência processual. O único tribunal de apelação foi Che, que nunca anulou uma condenação. As estimativas variam. Porém, é provável que, quando Che dirigiu a prisão nos primeiros seis meses de 1959, até quinhentas pessoas tenham sido executadas.

Os argentinos agora têm uma frase: "Eu tenho uma camiseta do Che e não sei por quê". Isso provavelmente se aplica à maioria das pessoas que usam mercadorias do Che. A indústria de Che entraria em colapso mais rápido do que uma economia socialista caso as pessoas se importassem em aprender sobre seu histórico de assassinatos.

Estávamos subindo os grandes degraus da impressionante entrada da universidade quando um estudante parou e perguntou-nos em um inglês perfeito: "De onde vocês são?"

"¡*Los Estados Unidos*!"

Ele sorriu, apertou nossas mãos e conversou conosco. Ficou feliz pelo presidente Obama ter visitado Cuba e disse algo que nenhum de nós jamais esquecerá:

"Estou feliz que vocês americanos estejam vindo, porque vocês nos trazem mais dinheiro".

Porém, ele não disse isso. Esperávamos que dissesse e não o teríamos culpado se dissesse. Quem não quer mais dinheiro? Ele disse, na verdade, algo ainda melhor:

"Estou feliz que vocês americanos estejam vindo, porque vocês nos trazem mais *liberdade*".

Como economistas, acreditamos que o embargo de meio século do governo americano a Cuba é uma má política e que sem ele poderíamos trazer *mais* liberdade aos cubanos. O embargo não fez nada para minar o regime comunista abusivo de Cuba. Na verdade, os Castros usaram o embargo - chamado por eles de "bloqueio" - para culpar os Estados Unidos pela pobreza de Cuba, ao invés de admitir que o socialismo não funciona. O comércio não promove apenas o desenvolvimento econômico, ele pode abrir uma sociedade para outras ideias - neste caso, as capitalistas.

Os economistas Peter Leeson, Russell Sobel e Andrea Dean chamam esse fenômeno de "capitalismo contagioso"[34]. Eles estudaram as mudanças na liberdade econômica em cem países durante o período de 1985 a 2000. Eles estavam especialmente interessados em saber se as mudanças na política econômica em um país levariam a mudanças semelhantes entre seus parceiros comerciais, geograficamente mais próximos. De fato, a resposta foi sim - liberdade econômica é contagiosa, espalhando-se de países mais livres para seus parceiros comerciais menos livres.

---

[34] LEESON, Peter T.; SOBEL, Russell S.; DEAN, Andrea M. Comparing the Spread of Capitalism and Democracy [Comparando a Propagação do Capitalismo e da Democracia]. *Economics Letters* 114, n. 1, 2012, p. 139–41.

O otimismo e o desejo de liberdade do jovem cubano deixaram-nos mais esperançosos sobre as perspectivas de reforma.

Depois de pousarmos em Miami, Bob perguntou: "Você está sentindo este cheiro?" "Cheiro de quê?"

"É o cheiro da liberdade".

E era. Relativamente falando.

***

Alguns meses depois, havia outro cheiro no ar. Era sabor. Estávamos em Little Havana, em Miami. O contraste econômico entre a Little Havana e a Havana verdadeira começou antes mesmo de sairmos do nosso Uber. A viagem de carro de meia hora custou apenas US$ 13,72, ao invés dos custos absurdos de táxi em Cuba. O contraste visual começou no momento em que saímos do carro. Anúncios. Eles estavam por toda parte. Um desenho de uma galinha fumando charuto anunciava a loja de presentes Little Havana. Ao contrário das lojas em Cuba, essa tinha centenas de itens diferentes à venda. E isso é apenas o que pude ver da porta. Eu odeio lojas de presentes cafonas.

Bob apontou atrás de nós em direção a uma placa de um bar. "Vamos pegar uma bebida gelada".

Os mojitos tinham o mesmo gosto de Cuba. O colega de Bob, Daniel, estava conosco. Ele pediu uma travessa de carne e queijo, e ficou óbvio que a seleção não era limitada por uma cadeia de abastecimento estatal.

"Humm. Este é o *verdadeiro* presunto serrano! Não aquela porcaria de *prosciutto* que as pessoas tentam fazer passar por serrano". Daniel nasceu no México, é descendente de basco-espanhol e tem fortes opiniões sobre esses assuntos. Nenhum de nós, gringos, saberia a diferença entre serrano e *prosciutto*, porém até nós podíamos dizer a diferença entre esse prato delicioso e o produto de carne moída que havíamos visto em Cuba.

Depois de algumas rodadas, partimos para jantar em um restaurante cubano. O menu de seis páginas continha mais opções do que tínhamos visto em todos os restaurantes em Cuba combinados.

Bob e eu ficamos tentados com a seleção de sanduíches cubanos, de dar água na boca, entretanto decidimos, por uma questão de ciência, pedir algo que tivéssemos comido em Cuba.

Bob comeu *ropa vieja*, e eu, uma cauda de lagosta. Ambos tinham mais sabor e especiarias do que havíamos encontrado em Cuba. Infelizmente, isso não nos impediu de invejar o sanduíche de presunto, porco e queijo que Daniel estava comendo.

A culinária cubana é excelente, mas não quando é servida em Cuba. Não é culpa dos cubanos. É o fato de que o socialismo é péssimo.

Os cubanos, sob um sistema socialista, permanecem pobres e comem alimentos insossos. A noventa quilômetros de distância, os cubanos que moram em Miami tornam-se relativamente ricos e fazem uma comida maravilhosa. Mesmas pessoas, dois sistemas econômicos diferentes, dois resultados econômicos - e gastronômicos - drasticamente diferentes.

CAPÍTULO 3

CAPÍTULO 3
SOCIALISMO SOMBRIO: COREIA DO NORTE

MAIO DE 2017

Ficamos no calçadão ao longo do lado chinês do rio Yalu, o qual separa a República Popular da China da República Popular Democrática da Coreia. Luzes brilhavam e sinais de néon piscavam nos arranha-céus que se erguiam ao longo do lado chinês do rio. Entretanto, quando olhamos para a Coreia do Norte, não havia nada, *nothing, zilch*. Havia apenas escuridão pura, embora a lua estivesse brilhando intensamente. Supostamente, Sinuiju, uma cidade norte-coreana habitada por mais de 350 mil pessoas e um dos centros comerciais mais importantes do país com a China, ficava naquela escuridão do outro lado[35].

Tínhamos acabado de jantar no bairro de Koreatown, em Dandong, com o documentarista Dean Peng, alguém que não apenas compartilhava nossa paixão pela economia libertária radical, mas também se ofereceu para atuar como nosso tradutor, e negociador, na China. (Fomos apresentados por nosso amigo em comum, Li Schoolland, um defensor do livre mercado, nascido na China, e que agora

---

[35] DORMELS, Rainer. "Profiles of the Cities of DPR Korea–Sinuiju" [Perfis das Cidades da República Popular Democrática da Coreia-Sinuiju]. In: North Korea's Cities: Industrial Facilities, Internal Structures and Typification [Cidades da Coreia do Norte: Instalações Industriais, Estruturas Internas e Tipificação]. *Jimoondang*, 2014, p. 119. Disponível em: https://koreanologie.univie.ac.at/fileadmin/user_upload/p_koreanologie/North_Korean_Cities/Sinuiju/Sinuiju.pdf.

mora no Havaí). Esperávamos conversar com os emigrados norte-coreanos, mas isso se provou difícil. Nossa jovem garçonete norte-coreana de ascendência chinesa, por exemplo, havia emigrado recentemente, pois queria uma vida melhor do que era possível na Coreia do Norte, mas foi rápida em acrescentar que a Coreia do Norte não era tão ruim quanto algumas pessoas diziam. Quando falava sobre a Coreia do Norte, praticamente tremia de medo, como se estivesse preocupada em entrar em apuros por qualquer crítica. Respeitando isso, não a pressionamos para obter mais informações.

Claro, como filha de dois pais chineses, ela foi uma das sortudas. A maioria dos norte-coreanos nativos que fogem para a China são capturados pelas autoridades chinesas e devolvidos à Coreia do Norte, onde podem ser executados, e suas famílias, enviadas para campos de trabalhos forçados[36].

Muitas vezes, aqueles que conseguem escapar com sucesso passam por provações angustiantes. Estávamos familiarizados com o livro de Yeonmi Park, *Para Poder Viver: A Jornada de uma Garota Norte-Coreana Para A Liberdade*[37]. Ela fugiu para a China quando tinha treze anos, mas seus contrabandistas estupraram-na e disseram que ela seria vendida para traficantes sexuais ou devolvida à Coreia do Norte. Ela escapou de ambos os destinos e foi uma fugitiva na China por dois anos, antes de encontrar missionários cristãos que a levaram, clandestinamente, para um local seguro na Mongólia.

Logo entendemos por que pessoas como nossa garçonete podem não ser tão falantes.

Depois do jantar, caminhamos pelo calçadão ao longo do rio, mas não havia muito acontecendo. Vi um clube de *strip* e sugeri que investigássemos. Dean não achou que fosse uma boa ideia. Já visitamos muitos clubes de *strip* ao redor do mundo e geralmente não temos

---

[36] COURTOIS, Stephane; WERTH, Nicolas; PANNE, Jean-Louis; PACZKOWSKI, Andrzej; BARTOSEK, Karel; MARGOLIN, Jean-Louis. *The Black Book of Communism: Crimes, Terror, Repression*. Cambridge: Harvard University Press, 1999, p. 561.
No Brasil temos a seguinte edição: COURTOIS, Stephane; WERTH, Nicolas; PANNE, Jean-Louis; PACZKOWSKI, Andrzej; BARTOSEK, Karel; MARGOLIN, Jean-Louis. *O Livro Negro do Comunismo: Crimes, Terror e Repressão*. 20ª Ed. Rio de Janeiro: Bertrand Brasil, 1999. (N. E.)
[37] PARK, Yeonmi. *In Order to Live: A North Korean Girl's Journey to Freedom*. Nova York: Penguin, 2016. No Brasil temos a seguinte edição: PARK, Yeonmi. *Para poder viver: A Jornada de uma Garota Norte-coreana para a Liberdade*. São Paulo: Companhia das letras, 2016. (N. E.)

reservas morais em visitar um. A grande maioria das *strippers* opta por trabalhar em clubes porque é a sua melhor opção para ganhar dinheiro, e não temos nenhum problema em ajudá-las nessa empreitada. Entretanto, lá, na fronteira com a Coreia do Norte, tínhamos ressalvas. Muitas refugiadas norte-coreanas são coagidas com a ameaça de deportação caso não concordem em trabalhar na indústria do sexo chinesa. Embora eu estivesse interessado em ver como era o clube e ver se poderíamos aprender alguma coisa com as refugiadas, no final, não queríamos apoiar os traficantes, então seguimos o conselho de Dean e fomos em frente.

Na manhã seguinte, ao abrirmos as cortinas do quarto, no vigésimo primeiro andar do nosso hotel, fomos surpreendidos por Sinuiju. Invisível na noite anterior, a luz do dia revelou dezenas e dezenas de edifícios comerciais, industriais e residenciais de médio porte do outro lado do rio. Eles não eram tão numerosos, bonitos ou altos quanto os de Dandong. Mesmo assim, edifícios de dez andares em mau estado eram abundantes.

A vista da Coreia do Norte (canto superior esquerdo), do outro lado do rio de Dandong, China, fica quase completamente escura à noite, enquanto o lado chinês fica brilhante.

Mesma visão pela manhã: o lado norte-coreano revela-se uma cidade de pequenos prédios, com poucos sinais de vida em comparação com a movimentada cidade chinesa. Porém, ao contrário da noite, pelo menos você consegue perceber que ela está lá.

Viemos a Dandong para dar uma olhada mais de perto na Coreia do Norte, mas nossa aventura começou cerca de uma semana antes, em Seul, na Coreia do Sul. A península coreana é um raro experimento natural, onde capitalismo e socialismo podem ser comparados, lado a lado. A comparação é particularmente informativa, porque a Coreia do Norte e a Coreia do Sul compartilham uma história, idioma, cultura e, antes de se dividirem, um nível de desenvolvimento econômico em comum.

O Norte é um pouco mais frio e montanhoso, contudo essas diferenças não prejudicaram desproporcionalmente o desenvolvimento no Norte antes da divisão. No final da Segunda Guerra Mundial, a Coreia do Norte tinha cerca de 80% da indústria coreana, 90% de sua energia elétrica e 75% de suas minas: ferro, tungstênio, prata e urânio[38].

---

[38] SETH, Michael. *A Concise History of Modern Korea: From the Late Nineteenth Century to the Present* [Uma História Concisa da Coreia Moderna: do Final do Século XIX Até o Presente]. Nova York: Rowman & Littlefield, 2009, p. 119.

SOCIALISMO SOMBRIO: COREIA DO NORTE

A Guerra da Coreia deixou toda a península devastada. Talvez o Norte tenha sofrido perdas maiores, porém foi rapidamente reconstruído com ajuda - militar e econômica - soviética. É impossível medir com precisão a renda em países socialistas, porque eles não têm preços significativos, entretanto, pela maioria das contas, o PIB médio per capita era aproximadamente o mesmo entre o Norte e o Sul, em 1960.

A diferença mais significativa era que a Coreia do Norte era um estado comunista, com um sistema econômico socialista, enquanto a Coreia do Sul era um estado autoritário, posteriormente democrático, com um sistema econômico capitalista.

Na Coreia do Norte, todos os negócios e indústrias privadas haviam sido eliminados ao final dos anos 1950 e a agricultura privada foi amplamente abolida e substituída pela coletivização, em que os agricultores cultivam produtos para armazéns estatais, que então distribuem os alimentos[39]. A Coreia do Norte seguiu um modelo soviético de desenvolvimento, concentrando sua economia na indústria pesada e militar. É também um estado policial totalitário, que impõe o sistema econômico mais completamente socialista do mundo.

A Coreia do Sul, em contraste, é basicamente capitalista. No índice de liberdade econômica de Bob, a Coreia do Sul pontua 7,54 de 10 pontos. Isso a torna menos economicamente livre do que o primeiro colocado, Hong Kong (8,97), e que o décimo primeiro colocado, os Estados Unidos (7,94). Entretanto, ainda fica entre o 80º percentil dos países mais bem avaliados. Desde o momento em que pousamos, a Coreia do Sul foi impressionante. Passamos rapidamente pelo Aeroporto Internacional de Incheon, classificado como o melhor aeroporto global por nove anos consecutivos (até 2013), e pelo Airport Council International. Até mesmo o processo de imigração e alfândega, de maneira geral, imensamente irritante para Bob e para mim, foi apenas um pequeno aborrecimento. Em um piscar de olhos, estávamos em um moderno táxi Kia rumando para Seul, passando por um trânsito relativamente leve de sábado à tarde.

---

[39] SETH, Michael. *A Concise History of Modern Korea* [Uma História Concisa da Coreia Moderna], p. 119, 121.

Olhando pelas janelas, vimos as colinas e vales de Seul cobertos por edifícios modernos.

Após o longo voo de Dallas, queríamos nos adaptar imediatamente ao horário coreano. Para nós, isso significa ficar bêbado e desmaiar na hora local de dormir. Além de pesquisar para este livro, Bob e eu também estávamos palestrando em outra reunião da Sociedade Mont Pèlerin, e alguns de nossos amigos já haviam chegado. Depois de fazer o *check-in*, encontramos nosso parceiro de bebedeira: o careca, fumante de charutos e contador de piadas obscenas, Steve Gohmann, diretor do Center for Free Enterprise, na Universidade de Louisville.

Encontramos um ótimo churrasco coreano, com deliciosa barriga de porco e *kimchi*, e acabamos fumando charutos do lado de fora de uma cervejaria belga. Apesar de estarem no lado oposto do planeta de onde eram produzidas, as cervejas eram mais baratas do que na Suécia dos impostos elevados, o que significava que compraríamos mais delas, e as cervejas belgas têm cerca do dobro do teor de álcool das americanas, então conseguimos nos ajustar ao horário local rapidamente.

Seul é enorme. Sua produção econômica total classifica-a em quarto lugar no mundo entre as áreas metropolitanas (atrás de Tóquio, Nova York e Los Angeles). Quinze empresas Fortune Global 500, incluindo Samsung, LG e Hyundai-Kia, têm sua sede em Seul. Seus mais de vinte e cinco milhões de pessoas também vivem bem. A renda média, ajustada pelas diferenças de custo de vida, chega a mais de US$ 42.000. É difícil obter uma imagem precisa da economia de um país sem olhar além de sua capital. Entretanto, no caso da Coreia do Sul, a renda média em Seul é apenas cerca de US$ 5.000 mais alta do que a média nacional[40].

Desde 1960, a Coreia do Sul disparou de um padrão de vida pré-industrial para um país rico de primeiro mundo. A expectativa de vida aumentou de cinquenta e três para oitenta e dois anos. A mortalidade infantil é agora de apenas três mortes por cem mil, abaixo dos oitenta e um de 1960, uma redução colossal de 96%! A renda mais do que triplicou após o ajuste pela inflação[41]. Praticamente tudo melhorou.

---

[40] SEOUL [Seul]. *Wikipedia*. Disponível em: https://en.wikipedia.org/wiki/Seoul.
[41] SOUTH KOREA [Coreia do Sul]. *Banco Mundial*. Disponível em: http://databank.worldbank.org/data/home.aspx.

SOCIALISMO SOMBRIO: COREIA DO NORTE

Naquela noite, quando voltei aos tropeções para o meu quarto de hotel, depois de beber com Bob e Steve, encontrei um problema: o banheiro tinha mais botões do que a tela inicial do meu iPhone. Havia botões com nádegas e linhas tracejadas de spray, um rosto de menina, um secador, uma banheira, uma criança, alto, baixo, frente, costas, água, luz, assento e muito mais. A última vez que tentei usar um banheiro computadorizado semelhante a esse em Tóquio, fui enrabado com água fervente. Fiz a única escolha sensata. Mijei no chuveiro e fui para a cama. Entretanto, o capitalismo fez muito bem para Seul se esse for o pior que encontramos.

Seul fica a apenas 56 quilômetros da fronteira com a Coreia do Norte. O cessar-fogo de 1953, após a Guerra da Coreia, estabeleceu uma zona desmilitarizada (ZDM) de 4 quilômetros de largura ao longo da fronteira de quase 260 quilômetros para servir como um *buffer* entre os países. Juntamo-nos a nossos colegas participantes da conferência para um dos passeios-padrão ao longo da ZDM. A maioria dos americanos, desejosos de ver a Coreia do Norte, fazem-no em uma dessas viagens, mas infelizmente não há muito para ver. Era um dia sombrio e enevoado, então usamos binóculos de turista para ver através do rio Han e da ZDM até a Coreia do Norte. Apenas algumas pequenas aldeias agrícolas e casas isoladas eram visíveis a distância. Essa não era uma maneira de avaliar como os norte-coreanos viviam ou como sua economia funcionava.

O ideal seria voar para Pyongyang, a capital norte-coreana, e, em seguida, viajar um pouco pelo país, observando o que poderíamos. Porém, a Coreia do Norte permite aos turistas norte-americanos entrarem apenas em áreas planejadas, cuidadosamente controladas, dentro da capital. Os turistas são constantemente acompanhados e monitorados por funcionários públicos. Viajar livremente e observar pessoas normais não é uma opção.

Mesmo com essas limitações, poderíamos ter feito o *tour* oficial, exceto por dois motivos: duvidávamos que os norte-coreanos nos concedessem vistos, dada a nossa oposição aberta ao comunismo; e, para ser honesto, eu não queria ir. Li histórias horríveis de missionários visitantes que receberam dez anos de trabalho forçado por terem um sermão em um *drive* USB. Um pouco mais de um ano antes de nossa viagem, Otto Warmbier, um estudante universitário da cidade natal de Bob, Cincinnati, participante de uma das excursões oficiais, foi condenado a quinze anos de prisão em trabalhos forçados, supostamente por ter roubado um único pôster de propaganda. Cerca de um mês depois de nossa viagem, ele foi devolvido aos Estados Unidos após ter sido espancado até o coma. Morreu não muito depois. Tínhamos bons motivos, acredito, para não confiar no governo norte-coreano.

Assim escolhemos Dandong, China, de onde poderíamos ver mais de perto a Coreia do Norte e conversar com algumas pessoas, como nossa garçonete, que haviam vivido lá.

Ao longo da esplanada, vários barcos chineses ofereciam passeios fluviais. Os turistas chineses ficam tão fascinados em espiar o reino eremita quanto nós. Fizemos duas viagens com navios de turismo oficiais: uma viagem rio abaixo, para vermos a parte comercial e industrial de Sinuiju, e outra rio acima, para vermos áreas residenciais e os arredores rurais.

Desconfiamos dos capitães de barcos suspeitos, que se ofereceram para nos levar até a Coreia do Norte através de um dos pequenos afluentes, onde poderíamos trocar dinheiro com os norte-coreanos, por bugigangas e outros *souvenirs*. Imaginamos que os capitães deviam subornar os oficiais do exército norte-coreano para que olhassem para o outro lado enquanto traziam turistas chineses. Provavelmente era seguro, entretanto não havia garantia de eles não nos entregarem aos soldados norte-coreanos em troca de uma recompensa pela captura de "espiões" americanos.

A certa altura, nosso barco turístico comercial passou sob a Ponte da Amizade Sino-Coreana. Embora víssemos algum tráfego ferroviário ocasional passando pela ponte durante a nossa estada, nada poderia passar pela ponte vizinha, que ficava cerca de cinquenta metros rio abaixo. Supostamente, o governo norte-coreano nunca reparou a "Ponte Quebrada" depois da guerra porque não queria que os Estados Unidos pudessem negar o bombardeio. Os chineses não têm essas reservas, e agora os turistas passeiam na metade reparada da ponte para ver melhor a Coreia do Norte.

Edifícios industriais e pátios de transporte estendem-se ao longo da margem do rio norte-coreano, porém não há muito para se olhar. Eles são, principalmente, estruturas de um ou dois andares, de cor bege-claro ou cinza de concreto, com um ocasional edifício verde brilhante misturado, com caminhões e pequenos guindastes de transporte espalhados entre eles. Alguns dos trabalhadores, facilmente visíveis de nosso barco, estavam ocupados carregando as barcaças cinza amarradas à costa enquanto outros estavam parados.

Bob apontou vários barcos da Guarda Costeira chinesa cruzando o rio bem perto de nós. "Nunca pensei que ficaria feliz em ver a Marinha chinesa". Eu concordei. Se nosso pequeno barco quebrasse, com toda certeza desejaríamos ser recolhidos pela Guarda Costeira chinesa antes que nossos traseiros americanos chegassem à costa norte-coreana. Notamos uma grande roda-gigante, e o que parecia ser um toboágua de um parque de diversões, pouco antes de darmos meia-volta e voltarmos para o cais. A roda-gigante não estava se movendo e o lugar parecia coberto de arbustos e árvores. É facilmente visível do calçadão do rio, e nenhum dos habitantes locais jamais o viu se mover. Talvez esteja lá para convencer os turistas chineses de que os norte-coreanos estão se divertindo.

A viagem de barco rio acima foi ainda mais deprimente. Prédios de apartamentos de concreto de dois andares em ruínas, beges, com telhados laranja cedendo parcialmente, agarravam-se à costa. Uma fumaça suja subia por trás de uma fileira deles. Algumas pessoas lavavam roupas no rio enquanto outras pescavam. Mais adiante, o rio divide-se várias vezes e há fazendas e cidades menores onde as torres da guarda militar, em azul brilhante, identificam a margem e as ilhas da Coreia do Norte. O rio é bastante estreito em alguns pontos, e seria fácil, se não fosse pelos campos minados e torres de guarda, para os norte-coreanos atravessarem a nado para a China.

Vimos pobreza na Coreia do Norte, mas não era nada novo para nós. Ambos viajamos para muitos países pobres. A renda média na Coreia do Norte hoje é estimada em cerca de US$ 1.700, contudo mesmo esse número é quase certamente uma besteira[42]. O estoque de

---

[42] NORTH KOREA [Coreia do Norte]. *The World Factbook*, Central Intelligence Agency. Disponível em: https://www.cia.gov/library/publications/the-world-factbook/geos/kn.html. Encontramos o conteúdo referido pelos autores no seguinte novo *link*: https://www.cia.gov/the-world-factbook/countries/korea-north/. (N. E.)

capital do país está em mau estado, a escassez é frequente e os coreanos até passaram fome.

As estimativas variam muito, uma vez que dados precisos não estão disponíveis. Entretanto, na década de 1990, quando a ajuda soviética e chinesa diminuiu, até três milhões de norte-coreanos morreram de fome e doenças relacionadas. A escassez de alimentos ainda é um problema. Quando Yeonmi Park escapou da Coreia do Norte, ficou surpresa ao receber "uma tigela inteira de arroz e um pouco de pepino em conserva picante [...]. Eu nunca tinha visto um pepino no inverno". Seu traficante, ela acrescentou, jogou fora, em seu lixo, mais comida do que ela poderia comer em uma semana na Coreia do Norte[43].

A Coreia do Norte continua entre os países mais pobres do mundo, mas sua pobreza material não é muito pior do que a que vimos em outras partes da Ásia ou da África. Chocante é o contraste entre a Coreia do Norte e seus vizinhos, China e Coreia do Sul. Estávamos em um barco e de um lado nosso havia casas decadentes e degradadas de dois andares e pobreza, e do outro lado do rio, a apenas algumas centenas de metros, havia arranha-céus reluzentes e cidadãos chineses desfrutando de um padrão de vida de primeiro mundo.

A certa altura, vimos um fazendeiro norte-coreano solitário em um trator, puxando um arado em um campo. Isso era incomum, porque até agora havíamos visto camponeses usando apenas animais e ferramentas manuais. O antigo motor a diesel foi forçado enquanto o trator tentava subir uma ligeira inclinação, e, após alguns minutos de batalha, o pobre fazendeiro desistiu e deixou o trator rolar para trás. Era um contraste gritante entre a situação desse homem e os caminhões semirreboque que voavam pela rodovia no lado chinês do rio, a noventa quilômetros por hora. Essas diferenças não são naturais: são inteiramente impulsionadas pelos diferentes sistemas econômicos da Coreia do Norte e da China.

O contraste lado a lado, entre Coreia do Norte e Coreia do Sul, é ainda maior. Seus sistemas econômicos são ainda mais diferentes entre eles do que entre Coreia do Norte e China, entretanto o

---

[43] PARK, Yeonmi. *In Order to Live* [Para Poder Viver], p. 129–30.

contraste é difícil de ver do solo, por causa da ZDM e da falta de cidades próximas umas das outras. Porém, você pode vê-lo do espaço.

Imagens noturnas de satélite revelam a Coreia do Sul iluminada como uma árvore de Natal, com uma enorme estrela de luz emanando de Seul, e filamentos menores de luz fluindo por todo o país. Exceto por um pequeno ponto de luz em Pyongyang e estreitos trechos de luz espalhando-se pelo rio Yalu, na China, o norte é escuro. Em nenhum lugar do mundo, o contraste entre o socialismo e o capitalismo é tão preto e branco - ou, nesse caso, preto e iluminado - como é aqui.

CAPÍTULO 4

CAPÍTULO 4
SOCIALISMO FALSO: CHINA

MAIO DE 2017

Era óbvio que a China não era um país socialista antes mesmo de nosso avião pousar em Pequim. Prédios altos, alguns deles arranha-céus, estendiam-se por quilômetros, em várias direções, e não tinham o exterior cinza, uniforme e insosso, que tipifica a arquitetura socialista. Alturas, formas, materiais e designs, todos variavam. Essas impressões iniciais mantiveram-se enquanto nosso moderno táxi nos levava pela estrada de dez pistas lotada, mas fluindo de forma eficiente em direção ao centro da cidade. Esses edifícios modernos não eram apenas bem conservados e variados, mas também apresentavam sinais reveladores do capitalismo - nomes de empresas e logotipos.

Poderíamos ter ficado em muitos grandes hotéis cinco estrelas em Pequim, administrados por empresas internacionais. Entretanto, isso teria sido como ficar no Hotel Nacional em Havana e usar essa experiência para generalizar sobre os outros hotéis. Assim como em Cuba, procuramos hotéis decentes a preços razoáveis. Porém, na China, havia uma grande diferença: nossos hotéis não eram totalmente ruins.

O Novotel Beijing Peace Hotel, de vinte andares, ostentava quatrocentos quartos e continha um Le Cabernet, um restaurante francês, bem como outro restaurante servindo cozinha internacional mista. O bar do saguão estava totalmente abastecido, e eu poderia pedir meu gin-tônica duplo padrão por cerca de US$10 cada. Os quartos de hóspedes eram normais, ou seja, agradáveis. Se você tivesse acabado de cair em um deles, sem saber de mais nada, provavelmente diria que está em um hotel Marriott, ou Sheraton, nos Estados Unidos. Na verdade, se não fosse pelas bugigangas nas lojas de presentes e por todos os chineses andando por aí, nada no hotel indicava que estávamos na China.

Isso não é acidente. O Novotel faz parte do grupo multinacional francês AccorHotels. A rede Novotel possui cerca de quatrocentos hotéis em sessenta países. Também é propriedade privada, por isso depende das compras dos clientes para se manter no mercado. Entretanto, não estávamos quebrando a banca para comprar luxo em um país socialista. Nossa reserva custou US$ 106 por noite e estávamos a cerca de um quilômetro do centro da cidade, a uma curta distância da Cidade Proibida e da Praça Tiananmen. Bem, pelo menos foi fácil para Bob. Eu estava mancando, porque havia quebrado meu dedão do pé, quase bêbado, enquanto usava chinelos no Havaí, três semanas antes, por isso usava uma bengala.

Tínhamos algumas horas livres antes de encontrarmos Dean Peng, quem iria nos ajudar a encontrar nosso caminho pela China, então decidimos vagar pela vizinhança e tomar uma cerveja. Estávamos cercados - engolfados é provavelmente a melhor palavra - no comércio capitalista. Placas estavam por toda parte, e eram placas que reconhecíamos: Rolex, Gap, McDonald's e Pizza Hut.

Bem na saída da rua principal, Bob e eu caminhávamos e nos esquivávamos através de becos estreitos e lotados, onde pequenos negócios familiares vendiam sedas, brinquedos e escorpião frito no palito. Ficamos aliviados ao encontrar um bar com alguns assentos disponíveis. Eles estavam vendendo cerveja Tsingtao, grande demais, e com o devido sobrepreço.

Estávamos cercados pelo comércio de livre mercado na capital da China comunista que, por quase trinta anos, sob o ditador Mao Tsé-Tung, fora um dos regimes mais repressivos do mundo. Como presidente do Partido Comunista da China, Mao governou a "República Popular" desde sua fundação, em outubro de 1949, até sua morte, em 1976. Seu governo fora quase absoluto. Os funcionários do partido que ousaram desafiá-lo perderam seus empregos, ou coisa pior. Esperava-se que membros do partido e camponeses estudassem seus escritos, incluindo seu "Pequeno Livro Vermelho", de filosofia política e econômica. Por mais falso que seja o socialismo do país agora, o Partido Comunista ainda governa a China, e crianças ainda são ensinadas a reverenciar o "Presidente Mao", quase certamente o maior assassino em massa da história.

Frank Dikötter, em seu livro *Mao's Great Famine* [A Grande Fome de Mao], estima, apenas entre 1958 e 1962, pelo menos 45 milhões de mortes desnecessárias na China. A grande fome não ocorreu por causa de uma seca ou desastre natural, mas por causa do plano econômico de Mao para a industrialização.

A inspiração de Mao foi a promessa do líder soviético Nikita Khrushchov, em 1957: a União Soviética ultrapassaria a produção econômica dos Estados Unidos dentro de quinze anos. Mao respondeu que a China cresceria ainda mais rapidamente. Seu primeiro objetivo era fazer a China superar a produção econômica da Grã-Bretanha, e o resultado foi seu ambicioso plano - chamado de Grande Salto para a Frente - para o governo comunista industrializar a China.

O Grande Salto para a Frente se tornou a grande fome chinesa. Entretanto, como explica Dikötter, referir-se a essa tragédia como uma mera fome "não consegue captar as muitas maneiras através das quais as pessoas morreram, sob a coletivização radical. O uso casual do termo 'fome' também dá suporte à visão, generalizada, de que essas mortes foram a consequência, não intencional, de programas econômicos incompletos e mal executados". Na verdade, "coerção, terror e violência sistemática foram as bases do Grande Salto para a Frente"[44]. O Grande Salto para a Frente não poderia ser justificativa, nem sob a desculpa socialista usual, para quebrar alguns ovos para fazer uma omelete. Na realidade, foi um grande salto para trás, matando dezenas de milhões de pessoas e destruindo, ao invés de modernizar, a economia chinesa.

---

[44] DIKÖTTER, Frank. *Mao's Great Famine: The History of China's Most Devastating Catastrophe, 1958–1962*. Nova York: Bloomsbury, 2011, cap. xii–xiii.
No Brasil temos a seguinte edição: DIKÖTTER, Frank. *A Grande Fome de Mao*, Rio de Janeiro: Record, 2017. (N. E.)

O governo já estava aprendendo pequenas propriedades familiares e transferindo os agricultores para "cooperativas" governamentais, de cerca de mil trabalhadores cada. Em 1958, Mao dobrou a aposta e fundiu as cooperativas em gigantescas "comunas populares", que podiam incorporar até 20 mil famílias. Os oficiais do partido administravam as comunas, onde quase tudo - terra, ferramentas, gado - era coletivizado. Milhões e milhões de aldeões foram movidos, à força, para abrir caminho para represas gigantes e outros projetos. Metas foram definidas - e aumentadas - para que as comunas exportassem não apenas alimentos, mas também produtos industriais, como o aço. Fornos de quintal logo derreteram potes, panelas, ferramentas agrícolas e tudo o que estava disponível para cumprir as cotas. Para alimentar suas cidades e cumprir as promessas de exportação para o exterior, Mao continuou a exigir cada vez mais dos fazendeiros, mesmo com os trabalhadores agrícolas aptos sendo desviados para projetos com os quais os planejadores se preocupavam mais, como construir represas. O resultado foi fracasso agrícola, fome (parte dela implementada pelos líderes da comuna para motivar os trabalhadores) e produção de aço (sucata derretida de fornos de fundo de quintal) economicamente inútil.

O exame de Dikötter dos registros do Partido Comunista Chinês mostra pelo menos dois milhões e meio de pessoas sumariamente executadas, ou torturadas até a morte, durante o Grande Salto para a Frente. Outros milhões morreram de fome, porque foram intencionalmente privados de comida como punição, ou porque eram considerados muito velhos, ou fracos, para serem produtivos, ou porque as pessoas servindo a comida na fila simplesmente não gostavam deles.

Como nosso amigo Li Schoolland lembrou, durante os últimos anos do Grande Salto em Frente, "Comíamos tudo o que não nos matava. Recusei-me a comer ratos. Porém, meu irmão era um menino em crescimento. Ele estava com tanta fome que comeu. Íamos para o lago e pegávamos os caracóis e os sapos". A família dela também comia "casca de árvore, folhas de árvore e grama, eu conhecia toda a grama que era comestível"[45].

---

[45] KIBBE, Matt. "China's Socialist God" [O Deus Socialista da China]. *Free the People*, 19 mar. 2018. Disponível em: https://freethepeople.org/chinas-socialist-god/.

Mao recebeu muitos relatos de fome e sofrimento, mas ele e o Partido Comunista permaneceram impassíveis. No final de 1958, o ministro das Relações Exteriores de Mao, Chen Yi, reconheceu que "as baixas realmente apareceram entre os trabalhadores, mas não é o suficiente para nos deter. Este é um preço que precisamos pagar, não há nada a temer. Quem sabe quantas pessoas foram sacrificadas nos campos de batalha e nas prisões [pela causa revolucionária]? Agora, temos alguns casos de doença e morte: não é nada!"[46] Eventualmente, no entanto, o Partido Comunista precisou ceder para evitar a catástrofe completa, ao passo que dezenas de milhões de vítimas se acumulavam. Em 1962, o Grande Salto para a Frente havia sido abandonado e algumas terras agrícolas privadas foram reintroduzidas. Entretanto, foi um descanso de curta duração. Em 1966, Mao e o Partido Comunista lançaram a "Revolução Cultural", infligindo um novo inferno ao povo chinês.

A Revolução Cultural visava a purificar, ou a reeducar, os elementos burgueses contrarrevolucionários da sociedade chinesa. Também serviu para reafirmar o poder de Mao após o fracasso do Grande Salto para a Frente. Altos funcionários, incluindo o futuro reformador Deng Xiaoping, foram expurgados da liderança do Partido Comunista. Locais históricos, e relíquias, homenageando coisas do passado pré-comunista da China foram destruídos. Cerca de dezessete milhões de jovens foram enviados ao campo para a reeducação escolar[47]. Outros jovens formaram a Guarda Vermelha e atacavam qualquer um que não apoiasse suficientemente o maoísmo. O número de mortos na Revolução Cultural é estimado em algo entre meio milhão e dois milhões de pessoas[48].

No total, em menos de trinta anos, durante o Grande Salto para a Frente, a Revolução Cultural, e outras atrocidades, do governo

---

[46] Cf. DIKÖTTER, Frank. *Mao's Great Famine*, p. 70.
[47] GARDNER, Bradley. *China's Great Migration: How the Poor Built a Prosperous Nation* [A Grande Migração da China: Como os Pobres Construíram Uma Nação Próspera]. Oakland: Independent Institute, 2017, p. 39.
[48] PHILLIPS, Tom. "The Cultural Revolution: All You Need to Know About China's Political Convulsion" [A Revolução Cultural: Tudo o Que Você Precisa Saber Sobre a Convulsão Política da China]. *Guardian*, 10 mai. 2016. Disponível em: https://www.theguardian.com/world/2016/may/11/the-cultural-revolution-50-years-on-all-you-need-to-know-about-chinas-political-convulsion.

comunista de Mao matou mais o seu próprio povo do que qualquer outro governo na história, possivelmente até oitenta milhões[49]. Os camponeses que escaparam da morte viram-se mais pobres que seus ancestrais. Em 1978, dois terços dos camponeses chineses tinham renda menor do que na década de 1950, um terço tinha renda menor do que na década de 1930, e o chinês médio consumia apenas dois terços das calorias de uma pessoa média em um país desenvolvido[50].

Entretanto, nada desse sofrimento era óbvio de onde estávamos agora, na Praça Tiananmen. Ao invés de camponeses famintos, éramos cercados por turistas chineses com câmeras digitais, telefones celulares e sacolas de compras. O Partido Comunista continua governando a China, mas permitiu reformas de livre mercado que trouxeram prosperidade.

Se isso era óbvio em Pequim, ficou ainda mais óbvio em nossa próxima parada, Xangai. A Shanghai Tower - 632 metros e 127 andares de altura - é o segundo edifício mais alto do mundo. Seu deque de observação completo, com um café que serve cerveja, proporcionou-nos uma vista panorâmica de 360 graus, de incontáveis arranha-céus ao longo de ambas as margens do rio Huangpu, um afluente do Yangtze. O próprio rio estava repleto de barcaças, atendendo ao porto de contêineres mais movimentado do mundo. É difícil decidir o que é considerado um arranha-céu em Xangai. Havia muito mais prédios de trinta andares do que eu poderia contar. Até mesmo me limitar aos prédios de quarenta ou cinquenta andares teria sido estonteante, especialmente depois de consumir algumas das cervejas do café. Quase ao lado da Torre de Xangai, o Shanghai World Financial Center, de nove anos, tem 101 andares e 492 metros. Não muito além disso, está a icônica Oriental Pearl Tower de Xangai, com 468 metros de altura. Concluído em 1994, o Pearl é o mais antigo dos mega-arranha-céus de Xangai.

---

[49] STRAUSS, Valerie; SOUTHERL, Daniel. "How Many Died? New Evidence Suggests Far Higher Numbers for the Victims of Mao Zedong's Era" [Quantos Morreram? Novas Evidências Sugerem Números Muito Mais Altos Para as Vítimas da Era de Mao Tsé-Tung]. *Washington Post*, 17 jul. 1994. Disponível em: https://www.washingtonpost.com/archive/politics/1994/07/17/how-many-died-new-evidence-suggests-far-higher-numbers-for-the-victims-of-mao-zedongs-era/01044df5-03dd-49f4-a453-a033c5287bce/?utm_term=.fc4752f76517.

[50] GARDNER, *China's Great Migration* [A Grande Migração da China], 21, 15.

SOCIALISMO SOMBRIO: COREIA DO NORTE

Na verdade, quase tudo no lado Leste do rio era novo. Tão recentemente quanto 1990, essa área, conhecida como Pudong, era uma favela. Porém, em menos de uma geração, essas favelas foram substituídas por mega-arranha-céus, lojas, um distrito financeiro e hotéis de luxo. Na verdade, eu gostaria que tivéssemos ficado em um desses hotéis. Ao invés disso, depois da agência de viagens da SMU estragar nossas reservas, Bob fez uma reserva de última hora no Hotel Ibis, outra propriedade da AccorHotels, do outro lado do rio, no antigo centro histórico de Xangai. E foi péssimo. Não péssimo ao estilo Cuba. Mais como cheiro de cachorro molhado, ar-condicionado de merda, sem bar ou frigobar, um péssimo ao estilo americano, Motel 6. Bem, o capitalismo geralmente providencia, mas nem mesmo o capitalismo pode superar os problemas decorrentes da burocracia universitária o tempo todo.

Ben faz uma pausa na bebida com os alunos da SMU de Bob, na definitivamente não socialista Xangai. O distrito de Pudong, do outro lado do rio atrás dele, era uma favela antes de 1993, quando se tornou uma zona econômica especial, com maior liberdade econômica, e imediatamente começou a se transformar na cidade rica e desenvolvida que você vê aqui.

O desenvolvimento econômico da China, desde 1978, é um dos maiores sucessos desse tipo na história da humanidade. Em números absolutos, mais pessoas escaparam da pobreza extrema, definida como renda de menos de US$2 por dia, do que em qualquer outra época ou lugar. Em 2011, 750 milhões de chineses a menos viviam na pobreza absoluta, comparado a 1981. Seus padrões de vida melhoraram drasticamente, porque o Partido Comunista Chinês adotou políticas de livre mercado.

As reformas começaram lentamente, com fazendas coletivizadas contratando terras para fazendeiros, que poderiam vender seu excedente (após cumprirem suas cotas) em mercados privados. O governo reconheceu que os agricultores, livres para obter lucros, eram mais produtivos. Ao invés de seguir sua ideologia comunista, os burocratas do governo finalmente aceitaram os fatos, permitindo graus crescentes de propriedade privada.

A iniciativa privada foi, em parte, um subproduto inesperado dos dezessete milhões de jovens chineses que retornaram às cidades após sua reeducação rural forçada, no final da Revolução Cultural. Eles precisavam de empregos, e as ineficientes indústrias estatais não podiam oferecê-los, então, o trabalho autônomo tornou-se legal, assim como as pequenas empresas privadas. Por lei, essas só podiam empregar até sete pessoas, mas, na prática, em 1985, a empresa privada média na China empregava trinta pessoas[51].

Sob a liderança de Deng Xiaoping, o Partido Comunista fez do desenvolvimento econômico efetivo, ao invés da pureza ideológica, o foco da política governamental, afirmando: "Não importa se o gato é preto ou branco desde que pegue ratos". Nenhuma surpresa para nós, quanto mais capitalista é o gato, mais eficaz ele é na caça de ratos. Deng definiu sua política como "socialismo de mercado com características chinesas", o que na realidade dificilmente era socialismo.

Bob acompanhou o desenvolvimento da China com seu índice de liberdade econômica. Em 1980, o primeiro ano para o qual ele tinha dados confiáveis, a China pontuou apenas 3,64 em 10, colocando-a entre os últimos 10% dos países do mundo. Em 1990, a pontuação

---

[51] *Ibid.*, p. 40.

de liberdade econômica da China saltou 75%, para 6,40. Em 1988, a Constituição chinesa foi emendada para reconhecer oficialmente a propriedade privada e os negócios privados. Antes disso, o Estado comunista era o único empregador oficial da China, com pequenas exceções. Em 1998, o Estado empregava cerca de 60% da população ativa e, em 2010, empregava apenas cerca de 19%[52]. A China havia feito a transição do socialismo para uma forma de capitalismo de compadrio.

Bob recitou todas essas estatísticas em um bar chique, cortejando um grupo de seus alunos de MBA da SMU que, literalmente, tínhamos acabado de encontrar por acaso. Eles ouviram educadamente para em seguida comprar-nos uma rodada de doses, esperando que pegássemos a deixa e saíssemos. E nós pegamos, tropeçando pelo nosso caminho ao longo do Bund, um calçadão à beira do rio, através das antigas concessões coloniais aos governos britânico, americano e francês, que haviam aberto Xangai como um porto de comércio internacional no século XIX. Do outro lado do rio, o horizonte de Pudong resplandecia em um azul brilhante, rosa, vermelho, roxo, branco e dourado. Fiz um gesto bêbado em sua direção e disse a Bob: "Sabe, seu índice perde muito disso".

Isso porque o índice de Bob mede as políticas principalmente em nível nacional, assim, ele pode subestimar a contribuição de um lugar como Pudong, uma Zona Econômica Especial (ZEE) com certos privilégios comerciais. Xangai e treze outras cidades tornaram-se ZEEs em 1984, e Pudong tornou-se uma em 1993. As Zonas Econômicas Epeciais não pagam taxas alfandegárias sobre bens comercializados internacionalmente, são isentas de impostos de renda e têm uma série de outras regras pró-capitalismo, ainda não adotadas pelo resto da China.

Pudong também está incluída na Zona Financeira e Comercial de Lujiazui, a qual concede liberdades adicionais a bancos e instituições financeiras estrangeiras. Essa é uma grande vantagem porque, na maior parte do país, o governo chinês monopoliza o setor financeiro. Pudong também inclui a Zona de Livre Comércio

---

[52] *Ibid.*, p. 2.

Waigaoqiao, a qual, com cerca de dez quilômetros quadrados, é a maior Zona de Livre Comércio da China continental.

A liberdade econômica concedida nas ZEEs impulsionou grande parte do crescimento da China. Hoje, em Pudong, a renda média anual é de mais de US$ 20.000. Entretanto, de acordo com o Banco Mundial, no resto do país, mais de um terço dos chineses ainda vive com menos de US$ 5,50 por dia. Enquanto isso, a população de Xangai explodiu de onze milhões de pessoas em 1980, para mais de vinte e quatro milhões. Sua densidade populacional é quase três vezes a de Pequim, que também viu um aumento populacional.

Na verdade, o movimento maciço de pessoas de áreas rurais de baixa produtividade para cidades com indústria privada estimulou o desenvolvimento da China. Nos anos desde o início da reforma, mais de 260 milhões de migrantes mudaram-se de áreas rurais para centros urbanos, ajudando a transformar a China, de um inferno rural e socialista, em um país cada vez mais urbanizado, majoritariamente capitalista. Entretanto, em nossa viagem, fomos lembrados que, pelo menos politicamente, a China ainda é um Estado policial comunista.

Em Pequim, Bob e eu fomos convidados por um jovem acadêmico chinês, Ma Junjie, para falar em uma conferência sobre economia austríaca e sobre a autora Ayn Rand. A conferência foi organizada pelo Unirule - um *think tank* chinês, privado, de livre mercado e influente - e por nosso amigo Yaron Brook, diretor do Instituto Ayn Rand.

Yaron é um ex-professor de finanças, de cabelos grisalhos, que virou filósofo e viaja o mundo evangelizando pelas ideias de Ayn Rand. Estiveram presentes cerca de trinta acadêmicos, estudantes de pós-graduação, acadêmicos de *think tanks* e jornalistas chineses. Discutir as ideias da romancista Ayn Rand, uma das mais fervorosas anticomunistas do século XX, estando no coração de Pequim, foi muito surreal para nós, entretanto fizemos nosso melhor, participando de um painel de discussão sobre a economia austríaca e a filosofia de objetivismo de Ayn Rand.

Depois, alguns participantes da conferência levaram-nos para jantar. Por acaso, nossa rota passava pelo mausoléu de Mao. O sujeito no banco do passageiro virou-se para nós, acenou com a cabeça em

Bob discute Ayn Rand na reunião do Instituto Unirule, em Pequim. A reunião seria encerrada pelo governo na manhã seguinte.

direção ao enorme complexo e disse: "Talvez em vinte e cinco anos possamos nos livrar dele". O motorista riu e gritou: "Não! Dez anos!" Na China, essa é uma conversa arriscada.

No dia seguinte, depois de partirmos para Xangai, Li Schoolland enviou-nos um e-mail: "Espero que vocês não tenham ido ao evento Unirule ontem!"

Usando nossos telefones celulares equipados com VPN, contornamos a censura do governo chinês e acessamos a internet. O *South China Morning Post* relatou: "Um seminário acadêmico de dois dias, no maior *think tank* não oficial da China, foi cancelado no sábado, porque as portas e elevadores em seu prédio de escritórios foram trancados e desativados, em meio à segurança aprimorada, para um fórum de dois dias da Iniciativa do Cinturão e Rota de Pequim, que começa no domingo"[53].

O segundo e-mail de Li forneceu mais detalhes. "Ontem, antes da reunião, o governo bloqueou o prédio onde fica o escritório do Unirule e contratou alguns bandidos para bater nas pessoas que

---

[53] MAI, Jun. "Liberal Economics Think Tank Unirule Locked Out of Its Office for 'Security Reasons' Ahead of Forum" [O *think tank* de Economia Liberal Unirule Bloqueado por "Razões de Segurança" Antes de Fórum]. *South China Morning Post*, 13 mai. 2017. Disponível em: http://www.scmp.com/news/china/policies-politics/article/2094217/liberal-economics-think-tank-unirule-locked-out-its.

tentavam entrar. Portanto, o evento precisou ser cancelado. Situação muito ruim e perigosa". Também descobrimos que o fundador do Unirule, Mao Yushi, de oitenta e oito anos, recebedor do prestigioso e internacional Prêmio Milton Friedman, pelo Avanço da Liberdade, teve policiais chegando em sua casa naquela manhã, para impedi-lo de sair para a conferência.

Desde a nossa partida, o líder do Partido Comunista, Xi Jinping, continuou sua repressão à dissidência e ao Unirule. O governo fechou os sites e contas de mídia social do Unirule e forçou o instituto a desocupar seus escritórios no centro, que havíamos visitado. O Unirule mudou-se para o oeste de Pequim, lançou um site acessível apenas para aqueles com software VPN, e era continuamente assediado[54]. Em julho de 2018, o proprietário do prédio despejou o Unirule, embora o instituto sempre tenha pagado suas contas. O diretor executivo do instituto, Sheng Hong, explicou: "A empresa de aluguel quer ganhar dinheiro, e não há razão para eles criarem problemas por conta própria. Isso seria ilógico"[55]. Ao invés disso, Sheng explicou: "Deve ser a pressão do governo. As autoridades não querem [tolerar] uma voz diferente, mas também não querem nos fechar descaradamente, porque isso faria parecer muito terrível". Em lugar disso, "Eles obviamente querem tentar transformar tudo em uma disputa civil, mas as pessoas não são idiotas e todos podem dizer qual é o problema real aqui"[56].

Quando a China comunista era governada por ideólogos socialistas, era um Estado policial empobrecido e totalitário, que matou dezenas de milhões de seu próprio povo. Agora, a China comunista pratica capitalismo de compadrio e é um Estado policial próspero e muito mais contido. Isso é péssimo, mas acredite em nós - ainda é progresso.

---

[54] BUCKLEY, Chris. "In Beijing, Doors Shut on a Bastion of Independent Ideas" [Em Pequim, Portas Se Fecham em um Bastião de Ideias Independentes]. *New York Times*, 11 jul. 2018. Disponível em: https://www.nytimes.com/2018/07/11/world/asia/china-unirule-institute.html#click=https://t.co/aVtzwOKABD.
[55] BUCKLEY, Chris. "In Beijing, Doors Shut on a Bastion of Independent Ideas" [Em Pequim, Portas Se Fecham em um Bastião de Ideias Independentes].
[56] GAN, Nectar. "Chinese Government Pressured Property Agent Into Welding Iron Gates to Liberal Think Tank Office Doors, Penning in Workers, Director Says" [O governo chinês pressionou agente imobiliário a soldar portões de ferro em portas de escritórios de *think tank* liberal, prendendo trabalhadores, disse o diretor]. *South China Morning Post*, 12 jul. 2018. Disponível em: https://m.scmp.com/news/china/policies-politics/article/2154872/chinese-liberal-think-tank-blames-government-after?amp=1.

CAPÍTULO 5

CAPÍTULO 5
SOCIALISMO DE RESSACA: RÚSSIA & UCRÂNIA

SETEMBRO DE 2017

"Esta se parece com qualquer cidade europeia", disse Bob enquanto caminhávamos pelo centro de Moscou, em uma tarde nublada e chuvosa, no final de setembro. Carros caros disparavam pelas ruas, passando por uma mistura de estruturas modernas de vidro e pedra e prédios pré-soviéticos reformados. Os prédios soviéticos, simples e cinza, chamados de lar por muitas pessoas na época da União Soviética e do Bloco Oriental, estavam visivelmente ausentes.

As lojas eram abundantes e bem abastecidas. Bares não faltavam e os restaurantes tinham uma gastronomia variada como em qualquer grande cidade. Tínhamos acabado de sair do Tap and Barrel Pub, um restaurante irlandês, onde degustamos uma cerveja Kilkenny. Tente encontrar isso em Havana, ou Pyongyang.

A União Soviética separou-se politicamente em 1991 e, após vinte e seis anos de reforma, podemos dizer que o socialismo fracassado em Moscou parece bastante normal. Se você fechasse os olhos e os abrisse rapidamente, poderia pensar que estava em Estocolmo, Varsóvia ou Berlim, até que as torres em forma de cúpula, da Catedral de São Basílio, revelem sua localização.

As evidências remanescentes da era soviética são, principalmente, monumentos e imagens, como o antigo mural *art déco*, com um cosmonauta soviético musculoso, pintado na lateral de um edifício. Não somos críticos de arte, mas todos os músculos protuberantes na arte socialista parecem, para nós, uma leve pornografia gay. Entretanto, não havia nada de leve na estátua que encontramos um pouco mais adiante na rua, em que um busto de Karl Marx, de mais de quatro metros de altura, erguia-se de um grande bloco de pedra cinza.

Marx não foi o primeiro pensador socialista, mas certamente foi o mais influente. Suas ideias inspiraram os movimentos que acabariam por estabelecer a União Soviética, o governo comunista da China e vários outros regimes socialistas no século XX. Suas ideias atraíram ativistas trabalhistas durante sua própria vida e continuam a influenciar intelectuais de esquerda e jovens socialistas. Che pode vender mais do que Marx em camisetas, porém Marx é citado com muito mais frequência nas salas de aula das universidades.

Toneladas de livros foram escritos sobre Marx, e não queremos aborrecê-los aqui, passando por toda a sua vida e obra. Entretanto, vale a pena revisar, pelo menos brevemente, suas ideias sobre valor, alienação e história, os três grandes pilares do marxismo.

Embora sejamos economistas de livre mercado, a teoria do valor-trabalho de Marx não nos ofende. Ele estava errado, mas os economistas só descobriram isso depois de sua morte. A maioria dos economistas, incluindo o grande liberal clássico, Adam Smith, estava enganada em sua teoria do valor do trabalho, ou custo de produção. Somente na chamada "Revolução Marginal", na década de 1880, quando três economistas, trabalhando independentemente, concluíram que o valor de um bem é baseado no que as pessoas, subjetivamente, pensam que uma unidade particular (ou "marginal") desse bem vale, o que é exatamente certo. A quantidade de tempo, ou energia, necessária para fazer algo realmente não importa quando se trata de determinar seu valor. Isso é difícil de entender, especialmente para os indivíduos ou empresas que produziram o bem e querem vendê-lo por um preço que consideram uma compensação "justa", por seu tempo e trabalho. Porém, fique aqui conosco e vamos explicar.

O valor de um bem está inteiramente nos olhos de quem o vê. Pode custar seis vezes mais produzir uma laranja em uma estufa no Alasca do que cultivá-la ao ar livre na Flórida, entretanto as laranjas do Alasca não são mais valiosas para os consumidores do que as laranjas da Flórida. Os custos, sejam de trabalho, ou de outra forma, apenas nos dizem se faz sentido produzir algo de uma maneira particular, *dado* o valor que esperamos que as pessoas paguem pelo bem produzido.

Marx, como a maioria de seus contemporâneos, pensava, erroneamente, que era a quantidade de trabalho "incorporado" a um bem que determinava seu valor. Ele afirmou que, se o trabalho determina o valor, então quaisquer lucros obtidos por um capitalista devem representar exploração, porque os trabalhadores não devem ter recebido o valor total do bem criado por eles.

Um aspecto separado, embora relacionado, do pensamento de Marx é a alienação. Os trabalhadores são alienados porque as forças do mercado, não os próprios trabalhadores, decidem o que será produzido, como será produzido e quem o produzirá.

Isso significa que os trabalhadores são forçados a trabalhar para os capitalistas possuidores dos meios de produção e ditam as condições aos trabalhadores, muitas vezes deixando-os em empregos aborrecidos e monótonos, ganhando salários injustos. Segundo Marx, quando a propriedade privada dos meios de produção fosse eliminada, os trabalhadores poderiam produzir para suas necessidades, ao invés de para os lucros dos capitalistas, acabando, assim, com a alienação.

A teoria da história de Marx foi o pilar final de seu sistema. Segundo ele, o colapso do capitalismo e a transição para o socialismo eram inevitáveis. Seu tipo de "socialismo científico" ditou que a história é uma série de lutas entre as classes privilegiadas e as exploradas. Sob o capitalismo, a burguesia (a classe média proprietária) explorava o proletariado (os trabalhadores). Marx acreditava que a competição capitalista levaria, inevitavelmente, a perdas financeiras, falências de negócios e depois ao monopólio, e que, à medida que as indústrias se tornassem mais concentradas, muitos da antiga burguesia seriam forçados a entrar no proletariado explorado. Isso deprimiria ainda mais os salários, aumentando a alienação. Em última análise, as massas derrubariam os capitalistas e coletivizariam os meios de produção.

Quando paramos para olhar para a estátua, Bob disse: "Aposto que nunca houve um cara tão equivocado sobre todas as coisas importantes que escreveu, ainda com tantos seguidores, quanto

Marx". Bob está certo. Lucros não representam exploração, porque a teoria do valor-trabalho está errada. Ao invés disso, pelo menos no livre mercado, os lucros representam valor criado. O capitalismo não pode ser a causa da alienação, porque os trabalhadores, inevitavelmente, se saem melhor no capitalismo do que no socialismo, e os preços de mercado fornecem um padrão de vida mais elevado e mais oportunidades econômicas. Finalmente, as indústrias não se tornaram mais concentradas e os salários não foram empurrados para baixo sob o capitalismo. Ao invés disso, o capitalismo tem sido o motor da prosperidade, inovação, novas indústrias e aumento dos salários enquanto as economias socialistas estagnaram, ou mesmo regrediram.

"Sim, há apenas um grande Marx", eu disse. "Groucho". A definição de política de Groucho é o marxismo em poucas palavras: "Política é a arte de procurar problemas, encontrá-los em todos os lugares, diagnosticá-los incorretamente e aplicar os remédios errados".

Continuamos nossa rotina habitual de caminhada/ bebida/ caminhada/ bebida até chegarmos à Praça Vermelha. Quando estávamos crescendo, esse era o marco zero do inimigo, e estar na Praça Vermelha parecia estranho. A Catedral de São Basílio dominava a extremidade da praça. À nossa direita, estava a longa parede de pedra vermelha cercando o Kremlin. O meio da Praça Vermelha era onde os militares soviéticos exibiam seu poder. Bem à frente, perto da parede do Kremlin, ficava o mausoléu de Vladimir Lênin, primeiro líder da União Soviética.

Muitos socialistas hoje admitem que Stálin, o sucessor de Lênin, foi um tirano. Entretanto, eles tentam muitas vezes desviar a culpa de Lênin e do socialismo em geral. A verdade, porém, era que Lênin era tão vil quanto Stálin, apenas em uma escala menor. Ele foi um ditador. Criou a polícia secreta, a Cheka, que mais tarde se tornaria a KGB. Enviou seus oponentes políticos para campos de trabalho escravo. Ordenou execuções e fome em massa intencionalmente.

O Livro Negro do Comunismo, que detalha as muitas atrocidades cometidas pelos regimes socialistas, observa ser

> impossível calcular o número exato de pessoas vitimizadas por esta primeira grande onda do Terror Vermelho. [...] [O] total relatado,

apenas na imprensa oficial, sugere ter havido, no mínimo, entre dez mil e quinze mil [...] execuções sumárias, em dois meses. No espaço de algumas semanas, a Cheka, sozinha, executou duas a três vezes o número total de pessoas condenadas à morte, pelo regime czarista, ao longo de noventa e dois anos[57].

O povo cossaco, no sul da Rússia e sudeste da Ucrânia, opôs-se aos bolcheviques (os comunistas) na Guerra Civil russa, e resistiu às exigências de Lênin de desistir de sua comida e coletivizar suas fazendas. Então, Lênin embarcou em uma campanha para eliminar os cossacos. Eles foram classificados como "*kulaks*" (um termo para os camponeses mais ricos), e "inimigos de classe". *O Livro Negro* relata: "no princípio da responsabilidade coletiva, um novo regime tomou uma série de medidas especialmente concebidas para eliminar, exterminar e deportar a população de todo um território", e que essas não foram "decisões de calor da batalha, mas planejadas pelas mais altas autoridades, incluindo Lênin"[58].

Terras pertencentes aos cossacos foram confiscadas. O presidente do Comitê Revolucionário do Don, encarregado de impor o domínio bolchevique nos territórios cossacos, relatou: "o que foi realizado [...] contra os cossacos era uma política indiscriminada de extermínio em massa"[59]. No final das contas,

> as regiões cossacas do Don, e do Kuban, pagaram um alto preço por sua oposição aos bolcheviques. De acordo com as estimativas mais confiáveis, entre 300 mil e 500 mil pessoas foram mortas, ou deportadas, em 1919 e 1920, em uma população de, no máximo, três milhões[60].

A grande fome russa de 1921 e 1922 também foi, em grande parte, obra de Lênin, quando ele requisitou grãos dos camponeses, os quais foram deixados para morrer de fome. Conforme relatado no *Livro Negro*:

---

[57] COURTOIS et al., *Black Book of Communism*, [O Livro Negro do Comunismo], p. 78.
[58] *Ibid.*, p. 98.
[59] *Ibid.*, p. 99.
[60] *Ibid.*, p. 102.

Embora perfeitamente informado das consequências inevitáveis da política de requisições, o governo não tomou medidas para combater esses efeitos previstos. Em 30 de julho de 1921, enquanto a fome atingia um número crescente de regiões, Lênin e Molotov enviaram um telegrama a todos os líderes dos comitês regionais e provinciais do Partido, pedindo-lhes para "reforçar os mecanismos de coleta de alimentos"

ou, em outras palavras, pressionar os fazendeiros ainda mais[61]. No final das contas, pelo menos cinco milhões de pessoas morreram durante essa fome causada pelo homem.

Durante o período conhecido como comunismo de guerra, Lênin presidiu um programa abrangente para nacionalizar os meios de produção. Foi um desastre. A produção despencou, a fome espalhou-se e houve revoltas generalizadas. Lênin finalmente introduziu a Nova Política Econômica (NEP[62], sigla em inglês), que foi um passo atrás no socialismo, em 1921. Reintroduziu o dinheiro, legalizou a indústria privada de pequena escala e permitiu aos camponeses venderem alimentos no mercado aberto. Os governos socialistas salvam-se, muitas vezes, com reformas capitalistas limitadas antes de voltarem aos seus velhos hábitos. Foi exatamente o que aconteceu em 1928, quando Stálin revogou a NEP.

Com o mausoléu de Lênin na nossa frente, Bob disse: "Vamos ser turistas e ver o velho bastardo". Depois de uma longa espera ao estilo socialista, vimos o assassino filho da puta (que também era um proibicionista de álcool - outra razão para odiá-lo) deitado em uma sala mal iluminada, com soldados russos montando guarda de modo solene[63]. Os visitantes devem andar lentamente pela sala, em fila única, com a cabeça baixa: sem tirar fotos, falar, fumar, usar chapéus ou colocar as mãos nos bolsos. Então, coloquei as mãos nos bolsos e um guarda gritou comigo.

---

[61] *Ibid.*, p. 121.
[62] New Economic Policy. (N. E.)
[63] CAPLAN, Bryan. "Lenin the Prohibitionist" [Lenin, o Proibicionista]. *The Library of Economics and Liberty*, 14 fev. 2014. Disponível em: http://www.econlib.org/archives/2014/02/lenin_the_prohi.html.

As filas eram um fato da vida na União Soviética. O comunismo pode ter acabado em Moscou, mas com entrada a preço zero, filas ainda se formam para o túmulo de Lênin.

Para nós, isso foi o suficiente de turismo comunista. Seguimos andando para o Hotel Metropol. Inaugurado em 1907, é uma grande estrutura, com esculturas de granito lindamente ornamentadas, imagens de princesas em azulejo em seu exterior, lindas colunas de mármore e uma claraboia de vitral acima dos lustres do saguão. Claro, os bolcheviques nacionalizaram-no em 1918, transformando-o em escritórios e alojamentos para burocratas, entretanto, na década de 1930, eles o converteram novamente em um hotel.

O Hotel Metropol foi uma grande parte da história soviética de Moscou. S. J. Taylor, autor de *Stalin's Apologist* [O Apologista de Stálin], uma biografia contundente do repórter Walter Duranty, do *New York Times*, observou: "O homem do *New York Times* em Moscou geralmente pode ser encontrado entre a multidão, no bar do Metropol Hotel"[64]. No início da década de 1930, o bar era o "ponto focal de uma sociedade burguesa resplandecente, em um cenário monótono de proletarianismo. Era pouco mais do que uma alcova fora da sala de jantar principal, porém, mais cedo ou mais tarde, praticamente todos os americanos que visitaram a União Soviética trilharam seus caminhos até lá"[65].

Não surpreende que Bob e eu também encontremos nosso caminho até lá. Ainda era apenas um pequeno bar retangular em uma alcova, mas estava bem abastecido com vodca. Bebemos algumas e conversamos sobre como o *Times*, em sua série de colunas de um ano sobre "O Século Vermelho", nunca mencionou como seu próprio, e notório, correspondente em Moscou, nas décadas de 1920 e 1930, era um mero porta-voz da propaganda soviética.

Walter Duranty viveu uma vida privilegiada em Moscou. Tinha um bom apartamento, um carro com motorista, uma secretária, podia comer e beber bem e fazer viagens frequentes a Berlim, Paris e St. Tropez. Ele era considerado o principal correspondente estrangeiro em Moscou, mas longe de ser um repórter honesto e imparcial, ele via seu papel como promotor do regime comunista.

Duranty ganhou o Prêmio Pulitzer em 1932, com o comitê do prêmio elogiando-o por sua "erudição, profundidade, imparcialidade, bom senso, e clareza excepcional [...]"[66]. Em seu discurso de aceitação, Duranty afirmou: "descobri que os bolcheviques eram entusiastas sinceros, tentando regenerar um povo que tinha sido chocantemente

---

[64] TAYLOR, S. J. *Stalin's Apologist: Walter Duranty: The New York Times's Man in Moscow* [O Apologista de Stálin: Walter Duranty: O Homem do *The New York Times* em Moscou]. Oxford: Oxford University Press, 1999, p. 3.
[65] *Ibid.*, p. 175.
[66] *Ibid.*, p. 182.

mal governado, e decidi tentar dar-lhes uma chance justa. Ainda acredito que estejam fazendo o melhor pelas massas russas e acredito no bolchevismo - para a Rússia". S. J. Taylor cita a aprovação de Duranty do "sistema de economia planejada" e seu "respeito" pelos "líderes soviéticos, especialmente Stálin, que considero ter se tornado um grande estadista"[67].

Um ano depois, sua admiração por Stálin e os bolcheviques levá-lo-ia a encobrir o que foi, talvez, a maior atrocidade cometida por Stálin. Depois de revogar a NEP, Stálin redobrou os esforços para coletivizar as terras agrícolas. Compreensivelmente, os camponeses resistiram, escondendo grãos e comendo seus próprios animais de fazenda antes de serem confiscados. S. J. Taylor observou que

> de longe, o método mais comum de resistência foi o abate de seus próprios animais pelos camponeses, a fim de evitar a coletivização por parte do Estado. [...] Somente em fevereiro e março de 1930, cerca de quatorze milhões de cabeças de gado foram destruídas, um terço de todos os porcos, um quarto de todas as ovelhas e cabras. Durante janeiro e fevereiro, cerca de dez milhões de famílias camponesas foram forçadas a aderir às fazendas coletivas. Em 1934, o Décimo Sétimo Congresso do Partido anunciou que mais de 40% de todo o gado do país havia sido perdido, com bem mais de 60% de todas as ovelhas e cabras. As estimativas ocidentais foram ainda maiores[68].

Stálin culpou os *kulaks* e os reprimiu.

> Os *kulaks* não deviam ser admitidos nas fazendas coletivas. Ao invés disso, deveriam ser "liquidados como uma classe". Isso tomaria a forma de exílio para a Ásia Central, ou para as regiões madeireiras da Sibéria, onde foram usados como trabalho forçado, nas mais terríveis circunstâncias[69].

---

[67] *Ibid.*, p. 83.
[68] *Ibid.*, p. 163.
[69] *Ibid.*

O resultado foi uma fome massiva. Dois jornalistas tiveram a coragem de relatar o que estava acontecendo. Em março de 1933, Malcolm Muggeridge escreveu no *The Guardian* que as pessoas estavam morrendo de fome.

> Quero dizer, morrer de fome em sentido absoluto. Não subnutridos como, por exemplo, a maioria dos camponeses orientais [...] e alguns trabalhadores desempregados na Europa, mas não tendo comido quase nada por semanas.

Havia uma "visão e cheiro de morte que tudo permeava".

> Dizer que há fome em algumas das partes mais férteis da Rússia é dizer muito menos do que a verdade; não há apenas fome, mas - pelo menos no caso do Cáucaso do Norte - um estado de guerra, uma ocupação militar[70].

Um relato semelhante, de uma testemunha ocular de Gareth Jones, foi publicado no *The Guardian*. Ele conviveu com camponeses que estavam ficando sem comida. Eles estavam "esperando pela morte", relatou Jones, e disseram-lhe: "Vá mais para o sul. Lá eles não têm nada. Muitas casas estão vazias, de pessoas já mortas"[71].

Os repórteres foram proibidos de viajar para as regiões famintas, e as autoridades soviéticas ficaram furiosas com o vazamento dos relatórios de Muggeridge e Jones. Eles ameaçaram tirar as credenciais de imprensa dos repórteres caso essas histórias não fossem repudiadas. Em um artigo do *New York Times* intitulado "Russos famintos, mas não morrendo de fome", Duranty adotou a linha soviética, afirmando que "Não há fome real, ou mortes por inanição, mas mortalidade generalizada por doenças devido à desnutrição"[72].

---

[70] *Ibid.*, p. 205.
[71] REED, Lawrence W. "A Revolution to Always Remember but Never Celebrate" [Uma Revolução Para Sempre Lembrar, Mas Nunca Comemorar]. *Foundation for Economic Education*, 16 out. 2017, Disponível em: https://fee.org/articles/a-revolution-to-always-remember-but-never-celebrate/?utm_source=zapier&utm_medium=facebook.
[72] TAYLOR, *Stalin's Apologist* [O Apologista de Stálin], p. 207.

Duranty admitiu alguma má gestão de fazendas coletivas e conspirações de destruidores e espoliadores, que "bagunçaram a produção de alimentos soviética", entretanto continuou:

> falando brutalmente - você não pode fazer uma omelete sem quebrar os ovos, e os líderes bolcheviques são tão indiferentes às baixas possivelmente associadas a seu impulso em direção ao socialismo quanto qualquer general durante a Guerra Mundial que tenha ordenado um ataque caro[73].

Poucos meses depois, Duranty escreveu a um colega que "a 'fome' é principalmente besteira", e mais tarde, naquele ano, escreveria colunas com títulos como "Soviete Está Ganhando a Fé dos Camponeses", "Membros Enriquecidos na Comuna Soviética" e "Abundância Encontrada no Norte do Cáucaso"[74].

A realidade foi bem diferente. Ninguém sabe o número exato de pessoas mortas. Em seu livro, *The Harvest of Sorrow: Soviet Collectivization and the Terror-Famine* [A Colheita da Dor: Coletivização Soviética e o Terror-Fome], Robert Conquest estima em onze milhões o número de pessoas que morreram de fome em 1932–1933, sendo sete milhões dessas mortes na Ucrânia[75]. A maioria das outras estimativas varia entre sete e quatorze milhões de vidas perdidas. Essa foi uma consequência previsível das políticas de Stálin de coletivização agrícola e industrialização forçada.

Em uma economia capitalista, o aumento da produtividade agrícola leva à industrialização. Quando os aumentos na produtividade agrícola superam as demandas crescentes por alimentos, menos trabalhadores são necessários nas fazendas. Lenta, mas seguramente os trabalhadores agrícolas encontram oportunidades de melhor remuneração nas cidades em fase de crescimento e industrialização.

O plano econômico de Stálin, de coletivizar a agricultura, exilar os agricultores mais produtivos da Rússia em campos de

---

[73] *Ibid.*
[74] *Ibid.*, p. 210/ 219.
[75] CONQUEST, Robert. *The Harvest of Sorrow: Soviet Collectivization and the Terror-Famine* [A Colheita da Dor: Coletivização Soviética e o Terror-Fome]. Nova York: Oxford University Press, 1986, p. 306.

trabalho *gulag* e forçar os trabalhadores rurais irem às cidades para trabalhar nas indústrias estatais foi uma catástrofe previsível. A produção de alimentos despencou e os planejadores comunistas deram prioridade a alimentar os membros do partido e os trabalhadores urbanos, deixando os camponeses passando fome. Regimes comunistas, de Stálin a Mao, seguiram repetidamente esse curso desastroso[76].

Bob trouxe à tona uma das colunas mais loucas da série Red Century [Século Vermelho] do *New York Times*, intitulada "Por Que As Mulheres Tinham Um Sexo Melhor no Socialismo"[77]. A autora, Kristen Ghodsee, citou um estudo de 1990 que revelou que as mulheres da Alemanha Oriental tinham duas vezes mais orgasmos se comparadas às mulheres da Alemanha Ocidental. Aparentemente, o socialismo descontraído prestava-se ao romance enquanto o capitalismo feroz deixava as mulheres cansadas demais para desfrutar de uma vida sexual saudável. Ou assim diz o argumento.

O livro de Francine du Plessix Gray, *Soviet Women: Walking the Tightrope* [Mulheres Soviéticas: Andando na Corda Bamba], pinta um quadro bastante diferente. Gray entrevistou centenas de mulheres soviéticas no final dos anos 1980. Ao invés de mulheres relaxadas, desfrutando o sexo graças ao socialismo, como descreve o *New York Times*, ela encontrou mulheres esgotadas, muitas vezes por trabalharem em empregos fisicamente exigentes e tentarem administrar suas casas e filhos.

O governo bolchevique declarou a emancipação das mulheres e o emprego como um de seus objetivos, e aprovou leis para impor pagamento igual para trabalho igual. A realidade, Gray descobriu, era bem diferente. As mulheres ganhavam apenas cerca de dois terços em comparação com os homens, apesar de serem mais educadas.

---

[76] Para uma elaboração concisa das compensações econômicas envolvidas neste processo, consulte: CAPLAN, Bryan. "Communism" [Comunismo]. *The Library of Economics and Liberty*. Disponível em: https://www.econlib.org/library/Enc/Communism.html.

[77] Para ser justo com o autor da coluna, foi o editor do *Times* quem escolheu o título. E os estudos a que o autor faz referência analisaram mulheres em outros países socialistas atrás da Cortina de Ferro, não na União Soviética. GHODSEE, Kristen R. "Sources for my *New York Times* Op-Ed – 'Why Women had Better Sex Under Socialism'" [Fontes para meu editorial de opinião no *New York Times* - 'Por que as mulheres tinham um sexo melhor sob o socialismo']. *Harvard University Blog*, 16 ago. 2017. Disponível em: https://scholar.harvard.edu/kristenghodsee/blog/sources-my-new-york-times-op-ed-why-women-had-better-sex-under-socialism.

Enquanto isso, elas realizavam trabalho fisicamente exigente, o tipo geralmente feito por homens nas economias de mercado. Noventa e oito por cento dos zeladores e limpadores de rua na União Soviética eram mulheres, bem como um terço dos trabalhadores ferroviários, e mais de dois terços das equipes de construção de rodovias e trabalhadores de depósitos[78].

Gray observou que, embora as feministas americanas não quisessem ficar "presas em casa" e estivessem "lutando pelo direito de trabalhar em minas de carvão, unidades de combate a incêndios, brigadas de polícia" e outras ocupações dominadas por homens, as mulheres soviéticas foram colocadas nesses e em outros trabalhos árduos e, no final dos anos 1980, após setenta anos de comunismo, queriam ser libertadas deles[79].

Na verdade, as mulheres soviéticas, na década de 1980, estavam sobrecarregadas de trabalho e tinham um padrão de vida mais baixo, pior assistência médica e opções muito mais limitadas de contracepção do que as mulheres nos países capitalistas. Um médico que dirigia uma maternidade explicou que

> infelizmente, nossos preservativos são de péssima qualidade e a produção não corresponde à demanda [...] tudo isso contribui para as trágicas quantidades de mortes causadas por abortos ilegais, dos quais um em cada cinco é fatal[80].

Não eram apenas preservativos em falta. Somente 18% das mulheres usavam algum método de controle de natalidade e apenas 5% usavam um método moderno, como a pílula ou um DIU[81]. Como resultado, as mulheres soviéticas tiveram um número surpreendente de abortos. Archil Khomassuridze, um ginecologista soviético, estimou que as mulheres soviéticas tinham entre cinco e oito abortos para cada nascimento[82].

---

[78] GRAY, Francine Du Plessix. *Soviet Women: Walking the Tightrope* [Mulheres Soviéticas: Andando na Corda Bamba] Nova York: Anchor Books, 1990, p. 34.
[79] GRAY, *Soviet Women* [Mulheres Soviéticas], p. 98.
[80] *Ibid.*, p. 20–21.
[81] *Ibid.*, p. 15.
[82] *Ibid.*, p. 14.

O Ministério da Saúde soviético estimou entre dois e três abortos para cada nascimento, e mesmo isso ainda era cinco a seis vezes maior do que a taxa nos Estados Unidos na época. Entretanto, as estatísticas do Ministério da Saúde contabilizavam apenas abortos legais enquanto Khomassuridze incluía abortos ilegais. Suas estimativas estão mais próximas dos números das Nações Unidas[83].

Por que as mulheres pagariam propinas para abortos ilegais quando os legais eram gratuitos? Embora gratuitos, os fornecidos pelo governo eram horríveis. Olga Lipovskaya, que teve dois filhos e sete abortos, e foi editora de uma revista feminista, descreveu o processo para Gray:

> Você entra em um corredor salpicado de sangue, onde dois médicos estão abortando sete ou oito mulheres ao mesmo tempo. Eles são, geralmente, muito brutos e rudes, gritando com você sobre manter suas pernas bem abertas, etc. [...] se tiver sorte, eles lhe dão um pouco de sedativo, principalmente Valium. Então é sua vez de cambalear para a sala de descanso, onde você não tem permissão para ficar mais de duas horas, porque a linha de produção, veja, está sempre muito ocupada[84].

Nada disso parece bom para as mulheres. E quanto à parte do sexo melhor? De acordo com o Dr. Khomassuridze, 70% das mulheres soviéticas nunca tiveram um orgasmo e "mais da metade das mulheres soviéticas entrevistadas afirmaram, abertamente, que detestam o contato sexual"[85].

Quando Gray entrevistou o Dr. Lev Shcheglov, um sexólogo em Leningrado, ele explicou como fatores culturais, juntamente com o sistema socialista, levaram ao sexo ruim para as mulheres:

> As mulheres soviéticas podem muito bem ter a maior taxa de orgasmo culturalmente reprimido do mundo. [....] Olha, que tipo de

---

[83] *Ibid.*, p. 20.
[84] *Ibid.*, p. 19.
[85] *Ibid.*, p. 17.

orgasmo você espera em uma sociedade que, além de toda a vergonha que carregamos de sexo, viveu por décadas em apartamentos comunitários? Tenho um casal para o qual não encontrei soluções. A sogra ainda dorme atrás de uma tela no mesmo quarto, a jovem esposa não pode se dar ao luxo de emitir um gemido, um grito. […] Como, como fazer amor daquele jeito […] a sogra deitada ali, ouvindo cada rangido da cama[86].

Os socialistas soviéticos prometeram igualdade e uma vida melhor para as mulheres, mas assim como não cumpriram as promessas de prosperidade geral e igualdade econômica, parecem também ter falhado em entregá-las na cama.

Depois de beber mais algumas vodcas, arrumamos as malas à noite, para que pudéssemos nos levantar para o nosso voo na manhã seguinte. Voamos para Kiev, no que Bob chamou de "uma hora estupidamente cedo da manhã", para participar da reunião anual da Economic Freedom Network (EFN), e como ele estava mais acordado do que eu, vou deixá-lo contar sobre Kiev e nossa viagem subsequente à Geórgia.

* * *

Obrigado, Ben - talvez possamos agora colocar algum conteúdo econômico sério neste livro. Deixe-me começar dizendo que a Economic Freedom Network é uma reunião regular de acadêmicos e analistas de política que trabalham com, e promovem, o índice de liberdade econômica, publicado no relatório anual da *Economic Freedom of the World*. Esse encontro em particular atraiu cerca de duas dezenas de pessoas, de quase o mesmo tanto de países, para falar sobre o índice e a pesquisa que está sendo feita com ele.

Fomos recebidos em Kiev pelo Bendukidze Free Market Center, um centro de estudos ucraniano, recém-formado em homenagem a Kakha Bendukidze, um estadista defensor das reformas liberais na Geórgia. Bendukidze estava incentivando reformas semelhantes na Ucrânia, na época de sua morte prematura, em 2014.

---

[86] *Ibid.*, p. 73.

Durante vinte e cinco anos, participei de reuniões como essa, respondendo a perguntas sobre o índice de liberdade econômica e ouvindo histórias de economistas, que às vezes enfrentam repressão e ameaças do governo. Nessa reunião, Jaroslav Romanchuk, um economista da Bielo-Rússia, mencionou a proibição de iPhones em seu escritório, porque "você não pode tirar a bateria de um iPhone, e precisamos fazer isso para que o governo não saiba onde estamos". Os ucranianos - nenhum dos quais, eu percebi, tinha iPhones - assentiram, com conhecimento de causa.

Jaroslav, que serviu no exército soviético, e agora está com cinquenta e poucos anos, é presidente do Scientific Research Mises Center. Ele participou de um programa de intercâmbio estudantil, no início dos anos 1990, e veio para os Estados Unidos. Um colega deu a ele um exemplar de *A Revolta de Atlas*. Ele enviou o cartão que acompanhava o livro para o Instituto Ayn Rand, o qual lhe enviou mais dez livros, incluindo *Ação Humana*, de Ludwig von Mises. Foi assim que Jaroslav aprendeu sobre economia de livre mercado e ideias liberais clássicas, as quais achou não apenas interessantes, mas convincentes.

Ele meio que brincou conosco, dizendo que o socialismo soviético não entrou em colapso, apenas encolheu para o tamanho da Bielo-Rússia. Ele pode estar certo. Como Coreia do Norte e Cuba, a Bielo-Rússia é um dos poucos países onde não consigo encontrar dados suficientemente confiáveis para classificá-los em meu índice. Ele também nos contou como as mulheres eram maltratadas na União Soviética que, com todo o seu feminismo alardeado, era um Estado totalitário - nem os homens nem as mulheres podiam escapar de sua repressão. Ben perguntou a Jaroslav se ele sentia falta de alguma coisa sobre os dias soviéticos. Ele recebeu uma resposta bastante direta: "Não. Não havia nada de bom na União Soviética. Tudo estava ruim. O exército até me enviou para a Sibéria".

Além das poucas interrupções na programação da conferência, tínhamos pouco tempo para pesquisas de campo. Após o término da conferência, percorremos as ruas de Kiev, mais em busca de uma cerveja gelada do que de mais histórias de socialismo, entretanto não pudemos deixar de comentar como as pessoas pareciam ocupadas.

Economicamente falando, a Ucrânia não está indo bem. Ela ocupa a 149ª posição, entre 159 países, no índice de liberdade econômica, ainda mais baixa do que a Rússia (100ª). Sua renda média estimada é de US$ 2.100 por pessoa, o que representa apenas 4% da média dos EUA. Kiev parecia próspera, mas é a exceção, pois, assim como Moscou, é uma capital. Embora a realidade econômica ucraniana seja provavelmente superior à cifra oficial, a Ucrânia é, sem dúvida, muito pobre. O governo ucraniano é corrupto e concentra sua economia monopolística em beneficiar as elites, que vivem na grande cidade velha de Kiev.

Após a queda da União Soviética, um grande número de ativos estatais, desde edifícios residenciais a enormes complexos de fábricas industriais, precisou ser vendido a proprietários privados. Os chamados oligarcas, conectados tanto à nova liderança quanto aos mafiosos da velha guarda, entraram em cena para agarrar os melhores ativos a preços baixíssimos.

Quando os oligarcas obtiveram a propriedade desses ativos estatais, muitos fizeram *lobby*, com sucesso, para manter o mesmo status de monopólio desfrutado pelas empresas na era soviética. Monopólios estatais foram substituídos por monopólios privados. É compreensível que muitos ucranianos tenham se sentido traídos após a independência.

Kiev parecia próspera, porque é a casa dos oligarcas e seus asseclas. Não tivemos tempo para pesquisar o interior empobrecido, consequentemente, precisamos nos contentar em pesquisar o centro de Kiev em bares e restaurantes elegantes. Em nossa última noite em Kiev, fomos a um restaurante ucraniano ridiculamente chique, em um shopping center de luxo, no centro da cidade. O shopping ficava próximo à Praça da Independência, onde os manifestantes protestaram, violentamente, contra o governo pró-Rússia, em 2014. Isso acabou levando à instalação do atual governo anti-Rússia. Fileiras de flores e fotos dos manifestantes mortos cobrem a praça até hoje.

Infelizmente, eles parecem ter morrido em vão. O novo governo, embora anti-Rússia, é indiscutivelmente tão corrupto e autoritário quanto o anterior, e os liberais locais temem não apenas pelo país, mas por eles próprios pessoalmente.

SOCIALISMO AMARGO

Mikheil Saakashvili (ou Misha, como é chamado) é o ex-presidente da Geórgia e juntou-se ao nosso grupo para jantar. Desde que deixou a Geórgia, ele tem liderado a oposição liberal ao atual governo ucraniano. Pouco antes de Ben e eu chegarmos a Kiev, o governo ucraniano revogou o visto de Misha, apenas para devolvê-lo a ele, quando o incidente se tornou uma história na mídia. Algumas semanas depois de nossa visita, Saakashvili foi acusado de conspirar com os russos para minar o governo ucraniano, então foi preso e deportado - e isso era ridículo, porque Misha favorece Putin tanto quanto Ben favorece a proibição do álcool.

Membros da Economic Freedom Network juntaram-se ao ex-presidente georgiano Mikheil Saakashvili durante uma bela refeição em Kiev. Saakashvili, que deseja promover a reforma liberal na Ucrânia, foi preso e deportado pelo governo autoritário ucraniano logo após nossa visita.

Entretanto, a verdade não importa muito quando um governo socialista o declara inimigo do povo. Quando George Orwell escreveu *1984*, seu romance distópico, dizem que tinha a BBC em mente, mas também o comunismo soviético. Apesar de toda a "privatização" ocorrida na Rússia e na Ucrânia, ambos os países sofrem de uma grande ressaca comunista.

CAPÍTULO 6

CAPÍTULO 6
NOVO CAPITALISMO: GEÓRGIA

SETEMBRO DE 2017

Se a Rússia e a Ucrânia sofrem os efeitos de terem bebido muita vodca comunista, a Geórgia é como um gole refrescante da cerveja Argo, uma das melhores do país. Eu [Bob] amo a Geórgia - o povo, a comida, a cerveja, o vinho e, claro, as reformas econômicas que tomaram o retrocesso soviético e deram-lhe uma nova vida. Estive na Geórgia cerca de quinze vezes - mais de uma vez por ano, desde minha primeira visita em 2005 - e a considero quase uma segunda casa.

A Geórgia faz fronteira com a Armênia e o Azerbaijão ao Sul, com a Turquia ao Sudoeste e com a Rússia ao Norte, pelas montanhas do Cáucaso. A Leste está o Mar Cáspio, e a Oeste, o Mar Negro, que, através do Estreito de Bósforo, fornece uma saída para o Mediterrâneo e para o resto do mundo. Ainda assim, normalmente levo três voos, e pelo menos vinte horas, para chegar à Geórgia, saindo do Texas.

Tbilisi, a capital da Geórgia, não se parece em nada com uma rica cidade europeia. Está gasta e degradada - embora muito melhor do que há apenas doze anos. Na minha primeira visita, em fevereiro de 2005, parecia haver mais buracos do que carros na estrada, além disso, estava frio e escuro - não escuro como a Coreia do Norte, mas quase, pois as usinas hidrelétricas só podiam produzir energia limitada no inverno. As usinas movidas a gás também não estavam funcionando muito devido à escassez de combustível. Era realmente triste.

Para ser justo, tem sido sombrio na Geórgia por centenas de anos. Mais ou menos na época em que George Washington lutava contra os britânicos com a ajuda dos franceses, o rei georgiano Erekle lutava contra os persas com a ajuda dos russos. Foi melhor para os americanos. Tbilisi foi saqueada, e a Geórgia perdeu a guerra. Em 1801, a Geórgia foi anexada ao império russo. Ela recuperou brevemente sua independência, após a Revolução Bolchevique em outubro de 1917, apenas para ter o Exército Vermelho invadindo em 1921.

Bob e Ben posam com Paata Sheshelidze, cofundador da New Economic School, em sua sede em Tbilisi. Paata e o cofundador da New Economic School, Gia, foram atores fundamentais na promoção das reformas que transformaram a economia da Geórgia.

Pouco depois, a República Socialista Soviética da Geórgia tornou-se parte integrante da União Soviética. Somente setenta anos depois, em abril de 1991, a Geórgia tornou-se novamente independente da Rússia. Mesmo após a independência, permaneceu um lugar bastante sombrio. Guerras civis eclodiram em três regiões.

Funcionários corruptos, muitos deles ex-soviéticos, quebraram o país enquanto negligenciavam fazer reformas significativas pró-mercado.

A Geórgia ainda estava se debatendo nesse estado, quando os economistas Gia Jandieri e Paata Sheshelidze me trouxeram pela primeira vez para dar uma palestra na New Economic School, que dirigem em Tbilisi. Na época, eu mal conhecia Gia e Paata e não sabia quase nada sobre a história, ou política, da Geórgia. Enquanto dirigíamos pela cidade, eles apontaram, com entusiasmo, os locais onde ocorreram manifestações durante a Revolução das Rosas, mas eu nem sabia o que era a Revolução das Rosas (caso você também não saiba: foi uma revolução pacífica, no final de 2003, que derrubou o regime corrupto que governava o país desde 1992).

No final das contas, Paata e Gia foram atores fundamentais na Revolução das Rosas e empurraram o novo governo, liderado por Mikheil Saakashvili, em direção à liberdade econômica. Alto, carismático e liberal (no sentido europeu), Mikheil "Misha" Saakashvili contrastava de forma gritante com os severos líderes ex-soviéticos que substituiu. Era formado em Direito pela Columbia, falava um inglês impecável, vestia ternos italianos caros e deu o nome à Revolução das Rosas distribuindo rosas vermelhas para simbolizar sua intenção de reformar, pacificamente, as instituições da Geórgia. Ele se tornou o novo líder do país em janeiro de 2004.

Na primeira noite de minha primeira viagem, Paata e Gia acompanharam-me até um prédio do governo, onde gesso caía das paredes, fios pendiam do teto e algumas lâmpadas e aquecedores descobertos eram alimentados por um gerador sussurrante. Depois de uma viagem terrível, em um elevador balançando, com uma porta que só fechava pela metade, chegamos para encontrar o ministro das reformas econômicas, Kakha Bendukidze.

Saakashvili é mais um político do que um especialista em políticas e percebeu que precisava de ajuda para implementar o tipo de política pró-Ocidente e pró-livre mercado, que ele sabia que a Geórgia precisava. Ele atraiu, então, o biólogo que virou empresário, Kakha Bendukidze, para ser seu braço direito. Bendukidze, natural da Geórgia, dirigia empresas petroquímicas na Rússia e fizera fortuna. Como ministro das reformas econômicas, tornou-se o artista da reviravolta, capaz de levar adiante uma agenda e impulsionar a economia da Geórgia. Bendukidze era uma figura imponente, um enorme homem-besta, que devia pesar 160 quilos. Imediatamente percebi que Kakha não era um político, mas soube, porém, que era um libertário fanático, e isso me animou.

Recitou com entusiasmo as reformas que havia iniciado e outras que havia planejado. Ele e Saakashvili iriam "tornar a Geórgia a economia mais livre do mundo! Mais livre até do que os Estados Unidos", gabava-se.

Francamente, ele parecia louco. No final das contas, porém, Kakha Bendukidze era louco como uma raposa. Para listar todas as reformas promovidas por Kakha, naqueles dias inebriantes de 2004 a 2006, exigiria um capítulo próprio[87]. Ele se concentrou em três objetivos sobrepostos: reduzir o tamanho do governo, privatizar empresas estatais em negócios independentes e revogar burocracia, regras e regulamentos desnecessários. Kakha revisou sistematicamente os cargos do Poder Executivo, investigou os escritórios pessoalmente, para ver o que os burocratas estavam fazendo, se é que estavam fazendo alguma coisa (em muitos casos, a resposta foi "não muito", embora eles ainda recebessem os contracheques), e fez enormes cortes de pessoal. Por exemplo, ele eliminou o supérfluo Departamento de Preços (os controles de preços haviam sido suspensos mais de uma década antes), o Gabinete de Inspeção de Preços e o Serviço Antimonopólio. Substituiu essas três burocracias consideráveis por uma única Agência Para o Livre Comércio e a Concorrência, com uma equipe de seis pessoas.

No Ministério da Agricultura, Kakha reduziu o número de funcionários de 4.374 para 600; na Prefeitura de Tbilisi, o número de funcionários caiu de 2.500 para 800; o Ministério de Proteção

---

[87] Grande parte dessa discussão é baseada em um pequeno livro que escrevi em coautoria com Larisa Burakova sobre as reformas georgianas para o Fórum de Antigua na Universidade Francisco Marroquín, na Guatemala. Ver: BURAKOVA, Larisa; LAWSON, Robert Lawson. *Georgia's Rose Revolution: How One Country Beat the Odds, Transformed Its Economy, and Provided a Model for Reformers Everywhere* [A Revolução das Rosas da Geórgia: Como Um País Superou As Adversidades, Transformou Sua Economia e Forneceu um Modelo Para Reformadores Em Todos Os Lugares]. Guatemala: The Antigua Forum, 2013. Disponível em: https://www.amazon.com/Georgia%C2%B4s-Rose-Revolution-Transformed-Everywhere-ebook/dp/B00HUM-MTVO/.

Ambiental encolheu de 5 mil funcionários para 1.700; e o número total de ministérios diminuiu de 18 para 13. O atual Ministério de Assuntos Internos da Geórgia, por exemplo, foi formado pela fusão do Ministério de Segurança do Estado e do Ministério de Assuntos Internos, cortando quase 50 mil funcionários públicos da folha de pagamento. Kakha também eliminou o totalmente corrupto Serviço de Inspeção de Trânsito do Estado, que existia apenas para extorquir dinheiro dos motoristas, cortando cerca de 30 mil policiais rodoviários da folha de pagamento do Estado e, portanto, brincaram os georgianos, reduziu a criminalidade.

Antes da chegada de Kakha, os esforços tímidos da Geórgia na privatização eram limitados e, muitas vezes, corruptos. Entretanto, em 2004, Kakha declarou: "tudo está à venda, exceto a honra da Geórgia". A maioria das propriedades estatais de grande escala - fábricas, hospitais e edifícios residenciais - seria privatizada em pouco tempo.

Sob a liderança inicial de Kakha Bendukidze, o programa de privatização da Geórgia estava entre os mais extensos, e menos corruptos, de qualquer ex-república soviética. O governo vendeu ativos do Estado ao maior lance em leilões públicos, sem preferência dada aos georgianos em relação aos estrangeiros. Não houve favoritismo corrupto nem acordos com informações privilegiadas.

O Intourist Hotel, uma antiga joia de propriedade, localizada na cidade turística de Batumi, no Mar Negro, foi o primeiro a ser privatizado sob o novo plano de Bendukidze. O primeiro comprador potencial era um cidadão local, candidato a capitalismo de compadrio, com conexões políticas, que ofereceu apenas US$ 80.000. Bendukidze recusou sua oferta, ignorando as pressões políticas para fazer a venda, e ordenou um leilão aberto. Um investidor russo venceu o leilão com um lance de mais de US$ 3 milhões! Kakha descartou as preocupações com russos comprando o país, insistindo que o investimento privado era benéfico para a Geórgia, seja qual fosse a fonte.

Qualquer pessoa pode ver os leilões vencedores recentes e dar lances em imóveis *on-line*. Você pode fazer isso agora mesmo caso deseje. Confira em www.privatization.ge. Visa e MasterCard são aceitos. Eu verifiquei o site enquanto escrevia este capítulo e observei que um senhor chamado Jambul Gelashvili comprou do Estado, recentemente, um edifício de concreto, de cinquenta metros quadrados, por 2.480 Lari georgianos, ou cerca de US$ 975[88].

O leilão transparente de ativos estatais da Geórgia contrasta com as privatizações na maioria dos outros antigos países comunistas. Na maioria dos casos, os ativos foram vendidos a preços muito baixos, a amigos de políticos ou aos próprios líderes políticos. Em outros, as privatizações com base em vouchers deram aos cidadãos cupons, com os quais eles podiam comprar ações de empresas recém-privatizadas. Infelizmente, muitas pessoas não entenderam o valor dos vouchers e estavam ansiosas para vendê-los por um preço baixo, até mesmo os trocavam por comida e bebida, e corretores inescrupulosos aproveitaram-se deles.

A propriedade privada é essencial, mas não suficiente, para apoiar um sistema de livre mercado. Esse também depende de outras liberdades econômicas, como a liberdade de iniciar um negócio, produzir bens, competir com outras empresas, definir preços e contratar e demitir funcionários. Quando Kakha Bendukidze entrou em cena, praticamente todas as esferas da economia georgiana precisavam, desesperadamente, de liberalização econômica. Não só o Estado possuía muitas indústrias, mas também os impostos eram altos e a regulamentação burocrática sufocava os empresários.

Os sistemas pós-soviéticos de imposto de renda e folha de pagamento da Geórgia foram projetados com a ajuda do Fundo Monetário Internacional e modelados de acordo com as nações de alta renda. Como resultado, o sistema tributário era altamente complicado e tinha taxas de impostos acentuadamente progressivas. Não era adequado para a economia pobre da Geórgia, majoritariamente agrícola, e fez pouco para atrair os investidores estrangeiros necessários. De fato, o sistema era tão complexo e tinha tantas lacunas, que houve pouca arrecadação. Algo precisava ser feito para simplificar o código tributário, eliminar a corrupção e gerar receita.

---

[88] PRIVATIZTION.ge. Disponível em: http://privatization.ge/?page=4458065d70bc799bc0bdabe4f84d379f&ref=y2y2x2v2z2.

O número de impostos distintos foi reduzido de vinte e dois para sete e, posteriormente, para seis. As taxas também foram reduzidas, com um imposto de renda fixo de 12% e um imposto de valor agregado (ou sobre vendas) relativamente simples, de 18%. Posteriormente, o imposto sobre os salários, usado para financiar as pensões sociais, foi eliminado e incorporado ao imposto de renda fixo, trazendo a alíquota tributária total sobre os salários, de 33% para 20%.

Mesmo com as novas reformas implementadas, a Geórgia ainda funcionava sob os regulamentos da era soviética, que davam privilégios especiais aos sindicatos, incluindo a obrigatoriedade de que a maioria dos empregos fosse reservada para membros de sindicatos. Em 2006, essa lei foi finalmente revogada e a Geórgia adotou um código de trabalho simples e liberalizado, que abriu os mercados de trabalho à livre concorrência e à liberdade de contrato.

Em poucos anos, Kakha cumpriu quase tudo o que havia prometido naquela fria noite de fevereiro de 2005. Entretanto, ele ficou aquém de alguns objetivos. Seu plano de se desfazer da moeda do país, em favor do dólar americano, como o Panamá e o Equador fizeram, caiu por terra. Os esforços de privatização de terras nas partes montanhosas da Geórgia fracassaram, não tanto por causa de qualquer oposição socialista residual à propriedade privada, mas porque o conceito de propriedade da terra, simplesmente, não é muito significativo para o povo montanhês.

Em uma das viagens, eu estava caminhando nas montanhas do Cáucaso, no norte do país, na região chamada Khevsureti, a qual fica perto da fronteira entre a Rússia e a Chechênia. Meu companheiro de caminhada georgiano e eu estávamos com uma família local, longe da estrada mais próxima - pelo menos um dia inteiro de caminhada. Quando nosso anfitrião me disse que eles não precisam de propriedade privada nas montanhas. Perguntei educadamente como ele e as outras pessoas da colina mantinham o controle de suas vacas e ovelhas que pastavam ao longo das montanhas. Com olhos ardentes, ele respondeu: "Eu conheço meus animais!" Em outras palavras, como as pessoas das montanhas em todo o mundo, ele não precisava de nenhum espertalhão da cidade interferindo em seu modo de vida.

Quando Kakha começou suas reformas em 2004, a Geórgia ocupava o quinquagésimo sexto lugar no índice de liberdade econômica. Na edição de 2017 do índice, a Geórgia ficou em oitavo lugar no mundo, à frente dos Estados Unidos, o décimo primeiro colocado. Você pode imaginar passar de República Socialista Soviética da Geórgia, em 1991, com quase nenhuma liberdade econômica, a se colocar entre as economias mais livres do mundo em pouco mais de uma década? É verdadeiramente notável.

Quando Ben visitou a Geórgia comigo no outono de 2017, Tbilisi não era mais uma cidade fria e escura. Essa foi a primeira experiência de Ben na Geórgia e ela lhe parecia áspera - e o mais áspero de tudo foi sua toalha de hotel. O hotel ainda as secava em um varal. Ben estava convencido de que a sua tinha sido engomada.

Minhas visitas a Tbilisi são parecidas com ver uma sobrinha ou sobrinho favorito (que você vê apenas uma ou duas vezes por ano) crescer. A Tbilisi de hoje tem ruas mais bem pavimentadas do que Dallas. A cidade, antes escura, agora brilha como Paris à noite. Os turistas vêm de toda a Europa e do Oriente Médio para desfrutar da famosa comida, vinho e outras atrações da Geórgia, incluindo uma nova ponte de vidro para pedestres sobre o rio Kura, a parte medieval da cidade remodelada, com suas lojas pitorescas e restaurantes modernos, o funicular que o leva ao topo de uma montanha, onde há uma roda-gigante reformada e os teleféricos ligando um topo de montanha a outro.

Mesmo sob o domínio soviético, a Geórgia ficava longe o suficiente de Moscou para ser um centro de culinária requintada e cultura de vanguarda. Tbilisi foi um terreno fértil para cineastas e artistas, como o armênio nascido em Tbilisi, Sergei Parajanov, celebrado hoje com uma estátua caprichosa de um artista alado voando pelo céu. Se o verdadeiro Parajanov pudesse ter voado longe, poderia ter evitado os anos que passou nas prisões de Stálin. Os melhores chefs soviéticos foram treinados em Tbilisi e, até hoje, é comum encontrar chefs georgianos nas cozinhas dos melhores restaurantes da antiga União Soviética.

Nós, é claro, aproveitamos ao máximo a comida e bebida de renome durante esta viagem. A indústria vinícola da Geórgia está florescendo, e ficamos mais do que felizes em prová-la. Parece que metade dos homens na Geórgia se chama Giorgi, e conhecemos um em um restaurante que servia seus vinhos premiados. Giorgi estudou física, como muitas pessoas inteligentes fizeram, na ex-União Soviética. Era mais fácil manter a integridade nas ciências exatas, como física e matemática, do que nos campos mais abertamente politizados da história, ciência política e economia, que precisavam repetir a linha do Partido Comunista. Irremediavelmente, a União Soviética subproduziu coisas como papel higiênico e manteiga, entretanto seu sistema educacional superproduziu, maciçamente, físicos e matemáticos, a tal ponto que alguns, como Giorgi, acabaram fazendo vinho.

Na verdade, até os burocratas soviéticos reconheceram que o clima da Geórgia, relativamente seco e quente, era mais adequado para a produção de vinho do que, digamos, o da Sibéria. Consequentemente, eles designaram trechos inteiros do vale central plano da Geórgia, a Leste de Tbilisi, para a produção de vinho. Eles importaram uvas francesas e usaram técnicas modernas para produzir, para as massas, grandes volumes de uma lavagem quase intragável. Hoje, ninguém quer beber essa porcaria, e a maioria desses campos está em pousio, mas, felizmente, a verdadeira tradição do vinho georgiano foi mantida viva.

Giorgi, por exemplo, usa variedades de uvas nativas, fermentadas à maneira georgiana: esmagando as uvas (cascas, sementes, caules e tudo o mais), despejando a mistura resultante em enormes potes de barro, chamados *qvevri*, enterrando os potes no solo e, em seguida, esperando o momento certo. O processo pode parecer primitivo, mas os vinhos são surpreendentemente complexos, e os vinhos brancos, especialmente, saem com uma cor profunda, quase laranja, devido à interação com as cascas e sementes. Os vinhos georgianos são justamente famosos e qualificam-se como atração turística por conta própria, e os investidores estão se reunindo para obter um pedaço da ação.

Embora tenhamos desfrutado de muita comida e bebida de boa qualidade, tínhamos uma programação agressiva, envolvendo palestras em várias universidades locais. Ao longo de três dias, cada um de nós deu palestras na Universidade da Geórgia, na Universidade Internacional do Mar Negro e na Universidade de Gori sobre liberdade econômica, desenvolvimento e comércio internacional.

Os alunos sempre ficavam entusiasmados ao saber que a Geórgia estava entre os países economicamente mais livres do mundo. Entretanto, depois de ouvir sobre como a liberdade econômica cria prosperidade, eles sempre tinham a mesma pergunta: "Se a Geórgia é tão livre, por que somos tão pobres?". É uma boa pergunta. Outros fatores, além da liberdade econômica, podem limitar o desenvolvimento. A Geórgia tem uma localização geográfica difícil, e seu vizinho, grande e hostil, também não ajuda muito.

Quando digo hostil, estou realmente falando sério. Em agosto de 2008, fui convidado pelos meus amigos, Paata e Gia, para dar uma palestra em uma conferência. Quando entrei no avião, os russos invadiram a Geórgia e, quando aterrissei, vi a mim no meio de uma guerra! O exército russo alegou estar ajudando os ossétios do Sul, desejosos por autonomia do estado georgiano. A guerra durou vários dias, e os georgianos foram derrotados com facilidade. Até hoje, duas regiões georgianas, Ossétia do Sul e Abkhazia, permanecem sob ocupação russa.

O principal motivo da Geórgia ainda ser pobre, com uma renda média de apenas US$ 8.000 por ano, é porque foi um estado-satélite russo, e depois soviético, durante mais de duzentos anos. Passou os primeiros doze anos, após o colapso da União Soviética, seguindo políticas amplamente socialistas e só recentemente abraçou a liberdade econômica e o capitalismo. O crescimento econômico aumenta, exponencialmente, ao longo do tempo, para elevar os padrões de vida. Os esforços de reforma da Geórgia estimularam um crescimento significativo, portanto, embora a Geórgia ainda não possa se orgulhar de sua prosperidade, certamente está indo muito melhor do que antes, e o futuro parece muito mais brilhante. A evidência não era apenas visível ao nosso redor: pode ser vista nas estatísticas econômicas mensuráveis do país. Os colegas de Ben na Texas Tech, Kevin Grier e Sam Absher, e eu examinamos o impacto da Revolução das Rosas nos resultados sociais e econômicos da Geórgia desde 2004[89]. De acordo com nossas estimativas conservadoras, a

---

[89] GRIER, Kevin; LAWSON, Robert; ABSHER, Sam. "You Say You Want a (Rose) Revolution? The Effects of Georgia's 2004 Market Reforms" [Você Diz Que Quer Uma Revolução (das Rosas)? Os Efeitos Das Reformas de Mercado da Geórgia em 2004]. *Economics of Transition* 27, 2018, p. 301–323.

renda per capita da Geórgia é cerca de 40% maior; a mortalidade infantil, cerca de 30% menor; e o emprego, cerca de 10% maior, graças às reformas da Revolução das Rosas. Além disso, esse progresso ocorreu sem nenhum aumento significativo da desigualdade econômica. Na Geórgia, o aumento da renda e das oportunidades é compartilhado por praticamente todos. Os dados contam a história, confirmada por nossos olhos nesta viagem.

Se a Geórgia mantiver suas reformas, as coisas continuarão melhorando e, algum dia, os estudantes georgianos não precisarão se perguntar por que seu país é pobre.

Numa tarde em Tbilisi, fomos a uma antiga fábrica reformada onde, no andar térreo, os descolados bebiam café sofisticado e comiam lanches vegetarianos sem glúten enquanto, em uma sala de conferências no andar de cima, participávamos de um painel de discussão sobre a "Lei de Liberdade Econômica" da Geórgia. Essa lei limita o governo a um *déficit* orçamentário anual de não mais de 3% do PIB, a dívida nacional a não mais de 60% do PIB, gastos anuais do governo a não mais de 30% do PIB e proíbe qualquer novo imposto sem aprovação dos eleitores.

O governo que substituiu o de Saakashvili queria relaxar essas restrições orçamentárias. Ben e eu argumentamos que, como membros de um antigo Estado comunista, os georgianos deveriam saber, tão bem quanto qualquer pessoa, que os governos têm um apetite insaciável pelo dinheiro do pagador de impostos e um perigoso desejo de poder sobre os indivíduos, e que a lei existente era uma benção para limitar poder estatal, manter finanças razoáveis e proteger a liberdade individual. Argumentamos que eles deveriam valorizar a lei ao invés de desmantelá-la. Um burocrata do governo e um professor de esquerda argumentaram contra nós. Depois de cerca de uma hora, deixamos os georgianos discutirem em seu próprio idioma e saímos em busca de cerveja, que encontramos em um bar cheio de hipsters barbudos. Uma semana depois, ficamos felizes em saber que o parlamento da Geórgia votou por manter a lei intacta durante mais dez anos.

Depois de nossas palestras na Universidade de Gori, sentimo-nos obrigados a passar uma hora, ou mais, visitando o museu Stálin local. Josef Stálin nasceu em Gori, como Ioseb Jughashvili, em 1878. Stálin recebeu uma boa educação em escolas religiosas, incluindo estudos do seminário em Tbilisi, mas ele se comportava mal e não tinha intenção de se tornar um padre. Na verdade, ele havia se convertido aos ideais do marxismo ateísta e revolucionário quando deixou a escola, em 1899. Logo tornou-se um protegido de Lênin, eventualmente adotando o nome de Stálin, tornando-se um líder bolchevique proeminente e, finalmente, sucessor de Lênin, como chefe da União Soviética e de seu Partido Comunista. Não houve menção no museu de qualquer uma das atrocidades cometidas por Stálin, exceto uma pequena exposição sobre comunistas georgianos mortos por ordem dele.

Já descrevemos a fome intencional infligida por Stálin à Ucrânia, porém essa é apenas uma das atrocidades cometidas por Stálin contra os cidadãos da União Soviética. Durante seu reinado, outros milhões foram executados ou trabalharam até a morte em campos de trabalho escravo. De acordo com as estimativas mais conservadoras, Stálin é responsável por quase dez milhões de mortes, excluindo a fome na Ucrânia e as mortes relacionadas à guerra. Outras estimativas chegam a vinte milhões. Provavelmente, Stálin está logo atrás de Mao, como o segundo maior assassino em massa da história, com Hitler em terceiro. Todos os três ditadores eram, é claro, socialistas dedicados, de um tipo ou outro.

Os habitantes locais estão estranhamente orgulhosos de Stálin ser um filho nativo, e Gori manteve uma grande estátua sua perto da prefeitura. Em 2010, o governo de Saakashvili voou em um helicóptero do exército para a cidade, no meio da noite, e levou-a embora.

Nossa última parada na Geórgia foi na região vinícola perto de Telavi, para visitar a tia de Gia. Tia Nino é uma espécie de empreendedora local, que dirige vários negócios na área, bem como a fazenda da família. Nino mora em uma casa grande, com sua mãe muito idosa, seu marido e dois filhos, porém moram e trabalham no Brooklyn, há vários anos. As remessas que enviam para casa ajudam a explicar a nova cozinha moderna e a lareira no andar térreo. Enquanto espetávamos e assávamos a carne de porco abatida naquela manhã, as mulheres preparavam, ativamente, uma miríade de acompanhamentos. Estávamos em um minissupra!

O *supra*, um banquete georgiano, é uma das refeições mais elaboradas que se pode experimentar. O comer e beber pode começar antes do pôr do sol e ir até o amanhecer. Esta foi a primeira vez de Ben em uma casa georgiana normal, e não entendeu minha empolgação. As mulheres começaram a trazer *khinkali*, meus bolinhos favoritos no mundo; *khachapuri*, o melhor pão de queijo já feito; *badrijani*, deliciosos rolos de berinjela e nozes; *shashlik*, carnes no espeto; *sulguni*, queijo fresco de vaca; e assim por diante, até a pequena mesa estar cheia de comida. Oh, não vamos esquecer o vinho caseiro: litros e litros de vinho fresco, semidoce, cor de pêssego, em garrafas de dois litros, que cobriam a mesa da cozinha. Depois de um ou dois pratos pequenos, os inevitáveis brindes começaram.

Gia, como o homem sênior da família, tornou-se o *tamada*, o mestre do brinde. Em qualquer *supra* adequado, o *tamada* inicia cada rodada de brindes, geralmente começando com um brinde aos membros da família, depois aos ancestrais, à Santíssima Trindade e a qualquer coisa que surja. Ele bebe depois de seu brinde, em seguida, espera-se que a próxima pessoa ofereça individualmente um brinde, intimamente relacionado ao brinde e à bebida do *tamada*, então, a próxima pessoa vai e assim por diante. Depois de todos terminarem com aquela rodada, o *tamada* começa novamente.

Após várias rodadas, Gia iniciou um brinde aos amigos perdidos. Porém, Ben ainda não estava certo sobre as regras e tentou brindar ao livre mercado, ou algo assim. Todos nós gritamos, "Não! Você não pode brindar a isso agora!" Ele ficou totalmente perplexo, e acho que nunca entendeu o jogo completamente.

Gia Jandieri, cofundador da New Economic School, propõe um brinde georgiano em um supra *improvisado, com Bob, a tia de Gia, Nino, sua mãe, e Ben.*

Quando foi minha vez, brindei a Kakha Bendukidze. A exuberância de Kakha pela liberdade econômica era comparável apenas a seu amor por comida e bebida. Uma vida inteira de excessos levou-o à morte em Londres, em 2014, durante uma operação cardíaca. Na época de sua morte, ele e Saakashvili haviam se mudado para a Ucrânia para tentar iniciar as reformas econômicas de livre mercado lá. Eu ainda lamento sua perda, não apenas como um defensor da liberdade, mas também como alguém que se tornou meu amigo durante minhas muitas visitas ao seu país.

Entretanto, o nome e o legado de Kakha Bendukidze sobrevivem, na forma do Bendukidze Free Market Center, em Kiev. Só podemos esperar que o centro levando seu nome traga à Ucrânia o mesmo nível de liberdade econômica e prosperidade final levados à Geórgia com suas reformas.

CAPÍTULO 7

CAPÍTULO 7
Conclusão:
De Volta à U.R.S.A

Julho de 2018

—

"E aí, camarada?" Cumprimentei Bob no *foyer* do nível da conferência, no Chicago Hyatt Regency, onde tínhamos nos infiltrado no maior encontro anual de socialistas americanos.

"É como uma versão Bizarra do APEE", ele respondeu.

Tive que rir disso. A Association of Private Enterprise Education (APEE) reúne "professores e acadêmicos de faculdades e universidades, institutos de políticas públicas e da indústria, com um interesse comum em estudar e apoiar o sistema de iniciativa privada"[90]. Bob e eu somos membros de longa data e antigos presidentes da associação, além de termos atuado por anos no conselho de diretores da APEE. Esse, definitivamente, não era o nosso público habitual.

Esperávamos - e percebemos imediatamente - os homens malvestidos e anti-higiênicos, e as mulheres deliberadamente pouco atraentes, desejosas de desferir um golpe contra o patriarcado. Mas, na verdade, essas pessoas estavam em minoria. A maioria das pessoas presentes estava vestida de forma mais casual do que você poderia esperar em uma conferência, mas pareciam bastante normais.

Nosso uniforme padrão de economista - calça cáqui, camisa social, gravata e paletó esporte azul - também teria se destacado, logo

---

[90] The Association of Private Enterprise Education. Disponível em: www.apee.org.

optamos também pelo casual. Meu jeans e camisa de botões Brooks Brothers não chamaram nenhuma atenção. Bob e seu colega Daniel Serralde misturaram-se ainda melhor, em suas camisetas vermelho-
-comunista. Essa foi uma pesquisa de campo. Não queríamos chamar atenção desnecessária para nós mesmos, mas também não estávamos lá para enganar ninguém.

Depois de viajar pelo mundo não livre e testemunhar a estagnação econômica, fome, pobreza e tirania política imposta pelos regimes socialistas, Bob e eu viemos para a Conferência do Socialismo para responder à nossa própria pergunta: como tantos americanos, particularmente os *millenials*, podem ver o socialismo tão favoravelmente? Queríamos ouvir o que esses autointitulados jovens socialistas tinham a dizer, e havia muitos *millennials* para perguntar.

Na verdade, era nossa idade, mais do que nossas roupas, que nos destacava. Olhando para a multidão, calculamos que mais de dois terços dos participantes tinham menos de trinta e cinco anos. O segundo maior grupo demográfico eram os *hippies* da década de 1960, agora com setenta anos, ou mais. Havia pouquíssimas pessoas como nós, que atingiram a maioridade durante os anos 1980 e 1990: os anos de Ronald Reagan, Margaret Thatcher, seus sucessores George H. W. Bush e John Major, e a queda do Muro de Berlim, após a qual o socialismo parecia ter sido completamente refutado.

Por todo o corredor, jovens vendiam camisetas e outros produtos esportivos com slogans estúpidos como "Solidariedade", "Pessoas Acima do Lucro" e "Taxe os Ricos, Muito". Havia uma camiseta ocasional "Destrua o Fascismo" ou "Chega de Polícia", com a qual poderíamos nos solidarizar, entretanto, na maioria das vezes, eram coisas malucas, como calendários de gatos comunistas parecendo ter sido impressos na impressora de jato de tinta do filho de quinze anos de alguém. Eles estavam sendo vendidos pelo preço muito capitalista de US$20. Cutuquei Bob com meu cotovelo. "Essas crianças realmente parecem empreendedoras, para um bando de comunistas".

"Ah, este é apenas um típico mercado negro socialista", disse ele.

E ele estava certo. Nada desse capitalismo de mercado negro parecia ter sido sancionado. Eles não estavam vendendo produtos de mesas que tivessem sido registradas e pagas com os organizadores do hotel e da conferência. Estavam vendendo mercadorias à toa, tirando-as de sacolas, pilhas no chão e caixas de papelão. Por alguma razão, as regras normais de conferência de hotéis não estavam sendo aplicadas.

Outra coisa que também parecia estar faltando era uma definição clara do que constituía o socialismo. Comunistas e socialistas, de todos os matizes, concordam em pelo menos uma coisa: a propriedade privada deve ser abolida e substituída pela propriedade coletiva. Na prática, isso significa que o governo deveria controlar tudo o que vai para "os meios de produção", incluindo matérias-primas, fábricas e mão de obra. O governo, não os indivíduos, decide o que produzir, como produzir e para quem produzir. Esse, porém, não foi o foco do comício de abertura da conferência.

O comício tinha três palestrantes programados: os ativistas Haley Pessin e Denise Romero, e Dave Zirin, redator esportivo da revista esquerdista *The Nation*. Entretanto, todos entraram em ação quando, em um ponto no início da manifestação, a maioria das pessoas na sala começou um cântico espontâneo, "Aborto gratuito sob demanda. Nós podemos fazer isso. Sim, nós podemos", que durou um bom minuto ou dois.

Embora países socialistas como a Rússia soviética e a Cuba, de Castro, tenham altas taxas de aborto, o aborto gratuito parecia um

A multidão na Conferência do Socialismo aplaude, após uma rodada de gritos por "Aborto gratuito! Sim, nós podemos!"

item estranho para atrair tanto entusiasmo de pessoas participando do comício de abertura de uma conferência socialista. Afinal, o aborto não é exatamente o pilar central de um sistema socialista.

Estranhamente, nenhum dos palestrantes no comício de abertura comentou sobre a importância do planejamento central e da abolição da propriedade privada. Ao invés disso, ouvimos coisas como "Condene a Suprema Corte ao Inferno", em referência à recente decisão do tribunal, limitando o poder dos sindicatos públicos de coagirem taxas de funcionários não sindicalizados. Também se falou muito sobre a crise da imigração e a separação dos pais de imigrantes ilegais de seus filhos. Fomos lembrados de que "os democratas também deportam". Claro, o presidente Trump foi alvo frequente de comentários negativos. Nenhuma grande surpresa aí.

A maior parte do que ouvimos foi apenas o apoio a uma ampla gama de posições políticas esquerdistas, pouco relacionadas com Marx ou socialismo. Na verdade, como libertários, concordamos com uma boa parte delas, porém uma coisa sobre a qual os participantes não pareciam saber, era economia.

Os palestrantes criticaram o "capitalismo", igualado por eles à economia mista dos Estados Unidos, mas não falaram muito sobre como seria um sistema socialista ou como funcionaria. Eles eram apaixonados por criar um mundo onde "as pessoas fossem colocadas antes do lucro", mas não argumentavam como o socialismo faria isso. Ouvimos sobre o "sistema bárbaro doentio chamado capitalismo", e nos garantiram que "o comunismo vencerá!" Esse comentário atraiu uma salva de palmas entusiasmada.

Depois do comício, Bob e eu decidimos dividir e conquistar. Ele foi a uma sessão sobre Salvador Allende, o líder socialista eleito do Chile, que cometeu suicídio durante um golpe de direita em 1973. Depois de alguns minutos, ele entrou sorrateiramente em minha sessão e sentou-se ao meu lado. "A sessão de Allende foi adiada. Aparentemente, o orador foi chamado de volta ao trabalho", sussurrou ele, mal contendo o riso. Eu não pude deixar de me perguntar onde o orador trabalhava.

Participei de uma sessão sobre a Coreia, curioso para saber se esse era um exemplo de vitória do comunismo. Não tive essa sorte. A sessão, intitulada "Império e Resistência: História Secreta da Coreia", contou com palestras de Diana Macasa e David Whitehouse. Diana é membro da filial de São Francisco, da Organização Socialista Internacional (ISO, sigla em inglês). David também é um ativista da Bay Area e escreveu para algumas publicações socialistas. Diana e David concentraram a maior parte de seus comentários em como a Coreia tem lutado contra a dominação dos imperialistas japoneses, russos, americanos e chineses.

A maior parte do que ouvimos parecia factualmente preciso, entretanto eles falharam em discutir a diferença entre os sistemas econômicos da Coreia do Sul e do Norte. Erroneamente, Diana afirmou: "A Coreia do Sul está, hoje, entre os países mais desiguais do mundo", como resultado do capitalismo.

Mas não está.

Os economistas usam algo chamado coeficiente de Gini para medir a desigualdade de renda entre os países. Em 2015, o coeficiente de Gini da Coreia do Sul, de 33,5, classificou-o como o quinto país mais igualitário entre os oitenta e dois países do mundo com dados relatados[91]. De modo mais geral, a pesquisa com o índice de Bob mostrou realmente não haver relação entre o quanto um país é capitalista e o quanto suas rendas são desiguais. A grande diferença entre os pobres em economias mais livres, e em economias não livres, é seu *nível* de renda médio. Nos países economicamente mais livres, os 10% mais pobres da população ganham cerca de US$ 12.000 por ano, enquanto os 10% mais pobres da população nos países menos livres ganham apenas US$ 1.100[92].

Na parte da palestra de David, ele descreveu como as economias da Coreia do Norte e do Sul começaram a divergir na década de 1970. Afirmou, com precisão, que até dois milhões de pessoas, ou 10% da população do Norte, morreram de fome na década de 1990. Ele reconheceu que, embora o Sul seja desigual, é

---

[91] SOLT, Frederick. "The Standardized World Income Inequality Database" [Base de Dados Padronizada da Desigualdade de Renda Mundial]. *Social Science Quarterly* 97, n. 5, 2018, p. 1267–1281. Harvard Dataverse. Disponível em: https://dataverse.harvard.edu/dataset.xhtml?persistentId=hdl:1902.1/11992.
[92] Economic Freedom of the World: Relatório Anual de 2017. Disponível em: https://www.fraserinstitute.org/studies/economic-freedom-of-the-world-2017-annual-report.

relativamente rico, e muitas pessoas vivem com menos de dois dólares por dia no Norte.

Achamos incrível não ter havido menção ao fato de a Coreia do Norte ter um sistema econômico socialista e o Estado possuir a maioria dos meios de produção, enquanto o Sul abraçou o capitalismo. Ao invés disso, David atribuiu a culpa do colapso do Norte aos desastres naturais, ao fim da ajuda soviética após a queda da União Soviética e às sanções econômicas americanas. Entretanto, embora seja verdade que a ajuda econômica soviética tenha sustentado a Coreia do Norte e que o comércio mais livre com os Estados Unidos teria beneficiado o Norte (e Cuba também), a ajuda econômica soviética nunca foi uma das principais causas do crescimento econômico. A maioria dos Tigres Asiáticos capitalistas recebeu o mínimo de ajuda externa, mas enriqueceu precisamente na época em que a Coreia do Norte estagnou.

O sistema econômico estatal da Coreia do Norte é, de longe, a maior causa da pobreza naquele país. Sem mercados fortes, o comércio com os Estados Unidos seria como fita adesiva em um radiador de carro quebrado. Culpar os desastres naturais só convida a questionar por que eles parecem atingir as nações socialistas com muito mais força do que as nações capitalistas.

Por que ficamos surpresos que os palestrantes da Conferência do Socialismo não falaram muito sobre ele? Ninguém quer admitir, acredito eu, que gosta de um sistema como o da Coreia do Norte. Ainda assim, a Organização Socialista Internacional, com filiais em cerca de quarenta cidades dos Estados Unidos, foi uma das patrocinadoras da conferência e muitos de seus membros compareceram. O ISO é bastante explícito quando diz desejar o verdadeiro socialismo - isto é, socialismo da forma como Bob e eu usamos o termo. O site da ISO tem um manifesto intitulado "Nosso Posicionamento". Seu parágrafo de abertura diz:

> Guerra, pobreza, exploração e opressão são produtos do sistema capitalista, em que uma classe dominante minoritária lucra com o trabalho da maioria. A alternativa é o socialismo, uma sociedade baseada em trabalhadores que possuem e controlam coletivamente a riqueza criada por seu trabalho. Permanecemos na tradição

CONCLUSÃO: DE VOLTA À U.R.S.A

marxista, fundada por Karl Marx e Frederick Engels, e continuada por V. I. Lênin, Rosa Luxemburgo e Leon Trotsky[93].

Notavelmente ausentes dessa lista de nomes estão Kim Il-Sung, Castro, Mao e Stálin. Veja, "Uma sociedade socialista só pode ser construída quando os trabalhadores assumem coletivamente o controle dessa riqueza e planejam *democraticamente* sua produção e distribuição de acordo com as necessidades humanas, ao invés do lucro" (ênfase adicionada)[94]. Inserir a palavra mágica "democrático" permite-lhes afirmar que "China e Cuba, como a ex-União Soviética e o Leste Europeu, nada têm a ver com socialismo. Eles são regimes capitalistas de Estado. Apoiamos as lutas dos trabalhadores nesses países contra a classe dominante burocrática"[95].

Em suma, a ISO apoia a característica definidora essencial do socialismo: abolir a propriedade privada dos meios de produção e substituí-la pela propriedade coletiva, o que, por sua vez, significa substituir os mercados pelo planejamento central. Então, ao inserir "democrático" no planejamento, ela afirma que as implementações no mundo real da propriedade coletiva, que sempre resultou em tirania política, não significam isso. Oh, mas espere, lembra-se da Venezuela? Isso era socialismo democrático, certo? Errado. Bob precisará explicar. Eu perdi aquela sessão.

∗ ∗ ∗

Era o segundo dia. Usando meu boné do Cincinnati Reds (ha ha, entendeu?), eu estava em uma sala lotada de jovens socialistas, esperando pela sessão chamada "O Socialismo Fracassou na Venezuela?" Eu esperava ouvir uma admissão de que o modelo econômico socialista venezuelano havia falhado (mas por razões além do socialismo, como a queda dos preços do petróleo), ou uma afirmação

---
[93] Departamento Educacional da ISO. "Where We Stand: The politics of the International Socialist Organization" [Nosso Posicionamento: a Política da Organização Socialista Internacional]. *International Socialist Organization*. Disponível em: https://www.internationalsocialist.org/wp-content/uploads/2017/11/Where_We_Stand.pdf, p. 1.
[94] Departamento Educacional da ISO. "Where We Stand" [Nosso Posicionamento], p. 1.
[95] *Ibid.*, p. 1.

otimista de que ainda estava tendo sucesso, apesar de todas as evidências atuais em contrário e que o tempo provaria que os socialistas estavam certos.

A palestrante, Eva Maria, era uma socialista nascida na Venezuela, hoje, moradora de Portland. Eva fez um resumo muito sofisticado, quase inteiramente de primeira classe, da atual crise na Venezuela. Ela falou sobre a escassez de alimentos, a corrupção e a repressão política de Maduro com um grau de honestidade que, admito, me surpreendeu. Ela até reconheceu que a maior parte dos ganhos sociais na Venezuela foi devido aos altos preços do petróleo, em meados dos anos 2000, os quais encheram os cofres do Estado e permitiram maiores gastos em saúde e educação.

Após cerca de trinta minutos, ela mudou de direção e começou a denunciar o sistema "capitalista de estado", de Chávez e Maduro, na Venezuela.

Espera? O quê? Ela disse o "sistema capitalista da Venezuela"?

Sim, ela disse. "O socialismo não falhou na Venezuela porque nunca foi tentado!" gritou, sob aplausos violentos na sala quente e cada vez mais fedorenta.

Se a primeira opção era admitir que o socialismo venezuelano havia falhado e a segunda opção era afirmar que ainda seria justificado, eu certamente não esperava a opção três, que atribuía o colapso da economia da Venezuela ao fato de ser capitalista demais! Apesar da retórica socialista de Chávez e Maduro, e apesar dos elogios recebidos dos socialistas ocidentais, a Venezuela é realmente tão capitalista quanto os bons e velhos EUA.

Ou era o que ela afirmava.

Devo ter perdido a aula naquele dia, na pós-graduação, quando o professor explicou que nacionalizar empresas e controlar preços eram características do capitalismo.

Os socialistas têm jogado esse mesmo truque sujo durante décadas. Quando as coisas vão mal, como inevitavelmente acontece, eles afirmam não ter sido o socialismo "real". Acho a coisa toda mais do que um pouco insincera e muito irritante. Quando socialistas, democráticos ou não, consideraram a Venezuela um grande experimento socialista nos anos 2000, a mensagem foi: "Veja, nós dissemos: o socialismo funciona!"

CONCLUSÃO: DE VOLTA À U.R.S.A

Entretanto, quando o fracasso aconteceu, a mensagem mudou para, "Não, espere: isso não é socialismo de verdade!" Eles querem reivindicar o socialismo durante os bons tempos, rejeitando-o durante os maus.

Talvez eu não deva ser muito duro aqui. Tenho certeza de que muitas das pessoas presentes nessa conferência não estavam exaltando o tipo de socialismo da Venezuela, mesmo nos dias agitados dos anos 2000, quando Sean Penn e outros estavam fazendo seus elogios. Os socialistas, nessa conferência, pareciam preferir algo chamado "socialismo de baixo", um mundo idealizado, no qual os trabalhadores possuem empresas comunitariamente e comercializam apenas localmente com outras empresas operadas por trabalhadores. É quase anárquico, pois há pouca função para o Estado. Essa visão utópica e apátrida, admito, não é a que foi tentada na URSS, China, Cuba ou Venezuela.

Ainda assim, não tenho certeza de como essa ideologia combina com a prática do socialismo do mundo real. Lênin e Trotsky não eram líderes de uma comuna *hippie*, eles, literalmente, criaram o socialismo de Estado e tentaram espalhá-lo pelo mundo. Separar o Estado do socialismo, em qualquer grande sociedade, é como tentar separar a propriedade privada do capitalismo. Não pode ser feito. Direi mais uma vez para o povo no fundão: o socialismo, na prática, significa que *o Estado é* dono *e controla os meios de produção*. Era o significado de socialismo para Lênin e Trotsky, e é isso que o socialismo significa hoje.

Se essas crianças querem viver em comunas e chamar isso de socialismo, então Ben e eu os encorajamos a fazê-lo. Eles devem entender, porém, que pequenas comunas voluntárias sofrem da mesma informação econômica e problemas de incentivo sofridos por sistemas socialistas maiores, apenas em uma escala menor. Invariavelmente, eles precisam depender de mercados fora da comuna, porque a divisão do trabalho, entre uma população tão pequena, será incapaz de atender a todas as necessidades da comunidade (a menos que estejam dispostos a aceitar um padrão de vida muito baixo)[96]. Sua comuna não vai fazer um iPhone, camarada.

---

[96] A experiência dos peregrinos ilustra os problemas de incentivo em comunas de pequena escala. Em 1620, a Plantação Plymouth foi fundada com um sistema de direitos de propriedade comunal, em que alimentos e suprimentos eram mantidos em comum e distribuídos com base na igualdade e na necessidade. Como resultado, houve escassez crônica de alimentos até 1623, quando criaram

Os jovens socialistas ingênuos, que sonham com o socialismo "de baixo", estão presos a um dilema. As comunas socialistas não estatais só podem funcionar (mal) em pequena escala, em um mundo capitalista. Para substituir o capitalismo por esse sistema, é necessário centralizar o poder, de forma a planejar a economia. Isso acaba resultando em propriedade, controle e tirania do Estado. O socialismo "de baixo", que engloba toda a sociedade e que não implica propriedade estatal, é uma contradição em termos.

* * *

Então, que diabos é o socialismo se todo país que já coletivizou os meios de produção não é socialista? Muitos dos participantes da conferência com os quais conversamos disseram que o socialismo significava, simplesmente, aspirar a um mundo com melhores condições para vários grupos marginalizados. Poucos identificaram corretamente o coletivismo ou a propriedade estatal dos meios de produção como a característica definidora do socialismo, e a maioria não tinha ido lá para celebrar isso.

Eu [Ben] conversei com três mulheres jovens após a conclusão do comício de abertura, todas elas associadas à Organização Socialista Internacional de Berkeley. Disse que estava escrevendo um livro sobre socialismo e perguntei se elas se importariam em responder a algumas perguntas para entender melhor o que atrai os jovens ao socialismo. Elas concordaram prontamente. Perguntei por que participavam da conferência.

Uma mulher atraente e bem-vestida respondeu primeiro. "A urgência é por causa de Trump, direitos dos imigrantes, *Black Lives Matter*, direitos indígenas".

Sua amiga disse que "queria conhecer muitos camaradas".

A terceira mulher tinha uma mecha tingida de verde no cabelo e pernas não depiladas. Ela me disse ser "nova no socialismo" e estava

---

parcelas de terra privadas e responsabilizaram as famílias pela própria alimentação. Ben escreveu uma coluna baseada na história de 1647, de William Bradford, que você pode acessar aqui: http://www.independent.org/news/article.asp?id=1423.

aqui para "aprender com minha melhor amiga, mas também pela solidariedade de tudo".

Pedi para descreverem a essência do socialismo. Uma respondeu que "o socialismo intransigente está totalmente comprometido com a mudança sistemática e com o fim da opressão de todos os tipos". Perguntei se isso significava a abolição da propriedade privada e foi-me dito: "Abolir tudo: não apenas a propriedade privada. Abolir fronteiras, aluguel, tudo". Ela também disse alguma merda sobre interseccionalidade que eu não entendi.

A esta altura do livro, você não deve estar surpreso que Bob e eu fomos ao bar do hotel depois da última sessão da noite. O objetivo era continuar entrevistando os conferencistas, é claro. A IPA Anti-Hero estava disponível. O rótulo era um punho verde levantado com uma estrela vermelha brilhante no pulso.

Anti-Hero IPA é um produto da Revolution Brewing, a maior cervejaria independente de Illinois. O hotel, obviamente, conhecia seu público nesse fim de semana. Vendeu bem, e tinha um gosto bom também. É uma das vinte e sete cervejas principais, e diferentes, feitas pela Revolution Brewing, que também faz dezenas de outras cervejas especiais. Além de IPAs, a empresa fabrica *quadrupels* belgas, vinhos de cevada, *lagers* ao estilo americano, *stouts* de aveia, *reds* e muitas outras variedades. O teor de álcool varia de 2,3%, em um *radler* de toranja, a 16,6% em um vinho de cevada. Muitas das latas e manoplas da empresa apresentam punhos cerrados erguidos, estrelas vermelhas e outras imagens de inspiração marxista.

Porém, deixe-me lhe dizer: essa empresa privada produz uma variedade, e qualidade, de cerveja que nenhum país socialista que visitamos poderia chegar perto. E os jovens estavam-na bebendo. Embora, para ser justo, eu aposto que eles teriam bebido a insossa cerveja cubana e talvez a horrível cerveja norte-coreana se estivessem no bar também.

Naquela noite, cada um de nós teve conversas semelhantes às que tive anteriormente com as jovens de Berkeley. Bob saiu e filou um cigarro de um jovem que parecia estar carregando todos os seus pertences mundanos na mochila. Bob perguntou como ele se interessou pelo socialismo. Sua resposta, e juro que é verdade, foi: ele viu uma camiseta do Che em um bar uma noite e decidiu pesquisar sobre ele e sobre a Revolução Cubana. Tire sarro das camisetas de propaganda o quanto quiser, mas elas recrutam novos camaradas para a causa.

Nosso amigo Daniel Serralde vem, na verdade, de uma família socialista. Quando uma jovem no bar ouviu isso, ela praticamente exclamou: "Meu Deus, você é um bebê de fralda vermelha?!" Ele disse: "Quase". Daniel explicou que seu avô era basco e judeu e lutou com os republicanos contra Franco. "BACANA!", ela quase gritou. Ter um parente que lutou contra os fascistas dá a você grande credibilidade com essa multidão.

Bob conversou com duas jovens que haviam progredido do ativismo pró-escolha para o ativismo socialista completo e, de fato, o aborto e o ativismo ambiental parecem ser duas drogas de entrada comuns para o socialismo. Muitas das sessões da conferência refletiram uma ampla preocupação com questões de "justiça social". Abolir a propriedade privada e substituí-la pela propriedade coletiva foi, basicamente, uma reflexão tardia.

Se você quiser ter uma ideia do que realmente interessou aos participantes da conferência, além de elogios a Marx e Lênin, aqui está uma lista de algumas das sessões:

- *Black Lives Matter* na Escola;
- Um Mundo Sem Fronteiras? Marxismo, Nações, e Migração;
- Capitalismo e o Gênero Binário;
- A Ascensão do Poder Vermelho e o Movimento Indígena Americano;
- Artistas Contra a Guerra;
- Gênero e Deficiência;
- Clínicas de Quem? Nossas Clínicas! Defendendo o Direito ao Aborto;
- O Que os Socialistas Dizem Sobre Privilégio Branco?;
- Todos os Onze Milhões: A Luta pelos Direitos dos Imigrantes;
- Do TrumpCare ao Medicare para Todos: O Crescente Movimento para a Assistência Médica de Pagador Único;
- Socialismo e Liberação Feminina;

CONCLUSÃO: DE VOLTA À U.R.S.A

- Atletas em Revolta: *Black Lives Matter* nos Esportes de Hoje;
- Imperialismo dos EUA sob Trump;
- Do #MeToo ao Não Mais: Como Podemos Acabar com o Assédio e os Ataques Sexuais?;
- CSI Está Mentindo Para Você: A Ciência Sucateada nas Condenações Criminais;
- Rainhas da Resistência: Um Show de *Drags* Revolucionário.

O fato é que Bob e eu também estamos preocupados com muitas das mesmas questões discutidas nessas sessões. Contudo, não é óbvia a sua relação com o socialismo. Fui à sessão "Mundo sem Fronteiras". A palestrante foi Denise Romero, uma das ativistas do comício de abertura. Ela disse muitas coisas comprovadamente malucas. Por exemplo, ela afirmou que "O capitalismo está falhando, porque produz coisas em excesso e não consegue vendê-las".

Hum... não.

As pessoas têm um desejo virtualmente ilimitado por bens e serviços em geral, entretanto se algum bem ou serviço em particular for superproduzido, o preço cai e as empresas ajustam sua produção para baixo.

Outra surpresa foi sua declaração de que "o Acordo de Livre Comércio da América do Norte [Nafta] é ruim porque está explorando os mexicanos". Na verdade, o Nafta promoveu o crescimento econômico mexicano e tirou muitas pessoas da pobreza. Esse forte crescimento, na realidade, estancou a maré de migração. Embora a migração do México tenha aumentado nos primeiros dias do Nafta, recentemente mais mexicanos voltaram para casa do que imigraram para os Estados Unidos[97].

Nem Bob nem eu gostamos de fronteiras, ou do que ele chama de "linhas desenhadas pelos políticos nos mapas". Nós dois somos grandes defensores do livre comércio. Desde a época de Adam Smith, os economistas compreenderam que quando os bens são

---

[97] GONZALEZ-BARRERA, Ana; Krogstad, Jens Manuel. "What We Know About Illegal Immigration From Mexico" [O Que Sabemos Sobre a Imigração Ilegal do México]. *Pew Research Center*, 3 dez. 2018. Disponível em: http://www.pewresearch.org/fact-tank/2018/12/03/what-we-know-about-illegal-immigration-from-mexico/.

comercializados entre países, isso torna as pessoas, de ambos os lados da fronteira, mais ricas. Idem para os fluxos de capital livres. E adivinhe, o mesmo é verdade para pessoas que querem se mudar. Achamos que as pessoas deveriam ter liberdade para se deslocar entre os países, porque isso beneficia tanto os migrantes quanto os cidadãos nativos nos países de destino.

Essa última parte surpreende você? Não deveria. O capitalismo, que na nossa concepção é o livre mercado, evita quaisquer regras, ou regulamentos governamentais, que proíbam adultos responsáveis, independentemente de onde vivam, de fazer negócios.

Quando um trabalhador se muda de Massachusetts ou Ohio para trabalhar no Texas, como Bob e eu, ele o faz porque pensa ser do interesse dele, e o empregador que o contrata, obviamente, considera-o o melhor candidato disponível. O embasamento econômico subjacente às nossas escolhas não é diferente, seja o trabalhador mexicano, somali ou indonésio.

Segundo estimativas de economistas, se as restrições à imigração internacional fossem removidas, teríamos ganhos econômicos globais maciços. O economista Michael Clemens sugeriu que os ganhos variariam de 50% a 150% do PIB *mundial*[98]. Em média, isso é o dobro da receita global. Os maiores ganhadores seriam os próprios imigrantes. Uma maior migração global contribuiria para uma redução maciça da pobreza mundial - da mesma maneira que a migração interna fez para a China, como vimos em Pequim e Xangai.

Isso pode ser uma surpresa para quem assiste à *Fox News*, mas os cidadãos nascidos nos países de destino também ganham. Em média, a renda aumenta para os nativos quando os imigrantes chegam. Claro, alguns imigrantes pegam empregos de alguns dos cidadãos nativos, entretanto a imigração, ao mesmo tempo, também cria outros empregos, porque os imigrantes também demandam bens e serviços. A imigração, assim como o comércio internacional de mercadorias, cria e destrói empregos. Porém, o efeito líquido de longo

---

[98] CLEMENS, Michael. "Economics and Emigration: Trillion-Dollar Bills on the Sidewalk?" [Economia e Emigração: Contas de Trilhões de Dólares na Calçada?]. *Journal of Economic Perspectives* 25, n. 3, 2011, p. 83–106.

prazo, sobre o número total de empregos para nativos, dá na mesma. O comércio internacional, seja de trabalho (por meio da migração) ou de bens (por meio de importações e exportações), muda a mistura de empregos e nos torna todos mais produtivos.

Praticamente todos os medos conservadores relacionados à imigração - como ela afeta nossa economia, empregos, salários e o estado de bem-estar social - estão em descompasso com a pesquisa em ciências sociais feita por economistas. Eu editei um livro inteiro sobre o assunto. Como este livro, ele foi escrito para pessoas normais entenderem, mas sem toda a diversão com bebidas e farras[99].

A maior parte da imigração é causada por políticas governamentais opressivas nos países de origem. Os migrantes mudam de países mais pobres e menos livres para países mais ricos e economicamente mais livres.

Há uma razão pela qual os barcos não partem de Miami para Havana.

Na verdade, não por acaso, os países socialistas constroem muros, torres de guarda e campos minados para manter seus cidadãos no país. Denise Romero esqueceu-se de mencionar isso em sua palestra "Mundo sem Fronteiras", na conferência socialista. Entretanto, concordamos com Denise, que alguma migração foi forçada pela má política dos EUA. Ela destacou: "O fim da guerra contra as drogas e contra o terrorismo resultará em menos pessoas precisando migrar". Nós concordamos. A guerra do governo dos EUA contra as drogas é invencível porque, na linguagem dos economistas, é uma guerra do lado da oferta, em que a demanda não é muito sensível ao preço.

Isso significa que, quando o governo dos EUA obtém uma "vitória" na guerra, o preço das drogas restantes sobe mais do que o uso cai. Como resultado, a receita líquida dos cartéis de drogas aumenta, o que expande sua capacidade de corromper as autoridades policiais e comprar armas e outros equipamentos para o contrabando. O resultado tem sido um ciclo interminável de aumento da violência ao longo de toda a cadeia de abastecimento na América Central e do

---

[99] POWELL, Benjamin (ed.). *Immigration: From Social Science to Public Policy* [Imigração: das Ciências Sociais às Políticas Públicas]. Nova York: Oxford University Press, 2015.

Sul, e isso certamente resultou na emigração de algumas pessoas das áreas mais violentas.

Sentimos o mesmo em relação à guerra contra o terrorismo. As guerras e a violência associadas a ele, no Oriente Médio, são uma das principais razões para a onda de imigração para a Europa. Entretanto, nossas reservas sobre a guerra contra o terrorismo e o militarismo dos EUA no exterior são mais amplas do que apenas seu efeito sobre a imigração. Assim, nos solidarizamos com os pontos levantados nas sessões da conferência "Artistas Contra a Guerra" (embora não sejamos artísticos) e "Imperialismo dos EUA sob Trump". Contudo, ser contra a guerra não exige ser anticapitalismo e pró-socialismo. Isso requer ser contra, ora, a guerra.

Na verdade, os defensores do capitalismo podem ser contra a guerra precisamente porque a guerra enfraquece as instituições e as liberdades capitalistas. Nosso amigo economista, Chris Coyne, escreveu um livro intitulado *After War: The Political Economy of Exporting Democracy* [Depois da Guerra: a Economia Política da Exportação da Democracia], no qual mostra que, quando os EUA se envolvem em intervenção estrangeira, raramente criam o tipo de mudança institucional duradoura, apoiadora do que alguns podem chamar de sociedade "neoliberal"[100].

O livro clássico do economista Robert Higgs, *Crisis and Leviathan* [Crise e o Leviatã], mostra como as crises nos Estados Unidos, especialmente as guerras, levaram à expansão do governo, à custa dos mercados[101]. O livro mais recente de Chris, *Tyranny Comes Home: The Domestic Fate of U.S. Militarism* [A Tirania Volta Para Casa: O Destino Doméstico do Militarismo dos EUA], em coautoria com outra amiga nossa, Abby Hall, mostrou como as intervenções militares americanas no exterior são "bumerangues" de volta aos Estados Unidos, de maneira que diminuem nossa liberdade em casa[102]. Veja, ser antiguerra não é uma posição

---

[100] COYNE, Christopher. *After War: The Political Economy of Exporting Democracy* [Depois da Guerra: a Economia Política da Exportação da Democracia]. Califórnia: Stanford University Press, 2008.
[101] HIGGS, Robert. *Crisis and Leviathan: Critical Episodes in the Growth of American Government* [Crise e Leviatã: Episódios Críticos no Crescimento do Governo Americano]. Nova York: Oxford University Press, 1987.
[102] COYNE, Christopher; HALL, Abigail. *Tyranny Comes Home: The Domestic Fate of U.S. Militarism* [A Tirania Volta Para Casa: O Destino Doméstico do Militarismo dos EUA]. Califórnia: Stanford University Press, 2018.

exclusivamente esquerdista. Os capitalistas também deveriam ser contra a guerra. Somos contra a guerra, contra as fronteiras e pró-livre comércio (incluindo a liberdade de movimento).

Caras pró-mercado como nós também têm reservas sobre o sistema de justiça criminal. Os organizadores da conferência deveriam ter convidado nosso amigo não socialista Roger Koppl para dar uma palestra durante a sessão "CSI Está Mentindo Para Você: A Ciência Sucateada nas Condenações Criminais". O livro de Roger, *Expert Failure* [Falha de Especialista], está entre os melhores sobre o assunto[103].

Poderíamos continuar, mas acreditamos que você tenha entendido. Os Estados Unidos têm muitos problemas. Concordar com um problema não significa acreditar no socialismo como solução. Na verdade, pensamos que a maioria dos problemas identificados pelos socialistas, especialmente a pobreza e a desigualdade, são o resultado de governo demais e não de menos. Embora os Estados Unidos organizem a maior parte de sua atividade econômica por meio de mercados (lembre-se, ele ocupa a décima primeira posição no índice de liberdade econômica de Bob), está longe do livre mercado e da sociedade capitalista defendida por Bob e eu. Acreditamos que eliminar muitas intervenções governamentais existentes e permitir uma maior confiança nos mercados e na sociedade civil voluntária seja a melhor maneira de resolver todos os principais problemas de nosso país.

A conferência socialista da qual participamos em Chicago não foi nada incomum. Na verdade, seu foco era consistente com a rede socialista mais ampla, não com o socialismo em si (ou como ele realmente é), mas com o liberalismo de esquerda em geral. A edição de julho/agosto de 2018 do *Washington Monthly* publicou uma história detalhada, intitulada "A Rede Socialista: Seriam os Jovens Intelectuais de Esquerda, Inspirados em Bernie, Realmente Apenas Liberais do *New Deal*?", que examina se as crenças de jovens socialistas proeminentes são realmente consistentes com a definição de socialismo[104].

---

[103] KOPPL, Roger. *Expert Failure* [Falha de Especialista]. Cambridge: Cambridge University Press, 2018.
[104] Citações nos próximos quatro parágrafos são de EDELMAN, Gilad. "The Socialist Network: Are Today's Young, Bernie-Inspired Leftist Intellectuals Really Just New Deal Liberals?" [A Rede Socialista: Seriam os Jovens Intelectuais de Esquerda, Inspirados em Bernie, Realmente Apenas Liberais do New

Em um discurso na Universidade de Georgetown, no outono de 2015, Bernie Sanders, o autoproclamado socialista, afirmou: "Não acredito que o governo deva ser dono da drogaria da esquina ou dos meios de produção, mas acredito que a classe média e as famílias trabalhadoras, produtoras da riqueza da América, mereçam um acordo justo". Hum... Oi? Não é socialismo. Você também está percebendo, não está?

Nathan Robinson, editor da *Current Affairs*, escreveu: "*1)* Bernie Sanders não tem conhecimento da definição de socialismo, ou *2)* Bernie Sanders está totalmente ciente da definição de socialismo e está mentindo sobre ela" e "Socialismo significa o fim do capitalismo. Bernie Sanders não quer acabar com o capitalismo. Bernie Sanders não é um socialista".

Entretanto, em sua entrevista para o *Washington Monthly*, Nathan Robinson admitiu:

> Eu meio que cheguei à conclusão de que "socialismo", a palavra, deveria ser menos usada para descrever uma economia estatal ou coletiva e mais usada para descrever um compromisso muito forte com um determinado conjunto de princípios fundamentais. Deve ser usada para descrever um posicionamento de horror a privações econômicas solucionáveis, ao invés de uma forma muito específica, e estreita, de ordenar o sistema econômico.

Enquanto isso, na própria revista editada por Robinson, Fredrik deBoer disse que os socialistas "parecem estar caindo nos modelos do estado de bem-estar social, sem realmente saberem que estamos fazendo isso". Conforme resumido pelo *Washington Monthly*, deBoer argumentou que "socialismo significa mover setores da economia para a propriedade comunal, não apenas expandir o estado de bem-estar, que é a social-democracia".

Na conferência, também vimos essa mesma gama de opiniões conflitantes. Na minha última noite lá, perguntei a um jovem no bar sobre o boné Hartford Whalers que ele estava usando. Ele era de um

---

Deal?]. *Washington Monthly* jul./ago. 2018. Disponível em: https://washingtonmonthly.com/magazine/july-august-2018/the-socialist-network/.

dos ramos da Nova Inglaterra da Organização Socialista Internacional. Lembre-se: esse grupo quer o socialismo democrático com propriedade coletiva.

Perguntei-lhe se a maioria das pessoas na conferência era realmente socialista, ou seja, se acreditava na abolição da propriedade privada e na insistência na propriedade estatal dos meios de produção. Ele respondeu que: "Você não se torna um radical da noite para o dia. Eles precisam começar de algum lugar".

Ele mesmo afirmava se identificar como um verdadeiro radical, que queria um socialismo real. Então, pedi a ele para escolher um país mais próximo de seu sistema ideal. "Difícil dizer, pois todos os países", disse ele, "estão muito distantes" do que deseja, porém, se for forçado a escolher, "Acho que um país nórdico, com um grande estado de bem-estar social".

O.K., vamos voltar à pergunta com a qual começamos. Por que o socialismo é popular entre os *millennials*? Um número significativo deles, acreditamos, identifica-se como socialistas, sem entender a característica definidora do socialismo: a propriedade estatal dos meios de produção e a abolição da propriedade privada.

Eles definem o socialismo como uma marca mais radical de crenças progressistas, ou esquerdistas.

Entretanto, um número significativo de líderes socialistas, nessa conferência, *apoiava* o socialismo como entendemos o termo e socializaria os meios de produção se tivesse a chance. Tememos que eles estejam usando causas de justiça social, como o aborto, o meio ambiente e os direitos dos imigrantes, para trazer mais jovens ao rebanho.

Isso é mais do que semântica.

Os líderes socialistas percebem uma oportunidade quando os jovens identificam o socialismo como uma ideologia pró-aborto e pró-meio ambiente. (Certamente foi pró-aborto na prática, mas não pró-meio ambiente, e nenhuma dessas questões é central ao socialismo). Entretanto, se eles convencerem os jovens de que "justiça social" equivale a socialismo, que verdadeiros ativistas pró-escolha, pró-imigração e pró-meio ambiente deveriam ser socialistas, e repudiarem a propriedade privada, e abraçarem a coletivização ou a propriedade estatal dos meios de produção, é provável que muitos deles o farão.

Essa é uma ladeira escorregadia, e não é uma estratégia nova.

A maioria dos camponeses apoiadores da Revolução Bolchevique não conhecia nem se importava com Karl Marx. Eles apenas queriam se libertar do czar. Eles não sabiam que os bolcheviques, mais tarde, iriam coletivizar suas fazendas, empobrecê-los, matá-los de fome e exilá-los para a Sibéria.

O camarada típico, presente na conferência socialista em Chicago, não era um idiota malvado que queria ver mais sofrimento e tirania. O camarada típico só queria "socialismo de baixo", ou "socialismo democrático", ou o máximo de liberalismo de esquerda.

Entretanto, eles não conseguem ver duas coisas importantes. Em primeiro lugar, chame-a de democrática ou não, a propriedade coletiva falha em criar os incentivos poderosos e informações de mercado necessárias para criar prosperidade econômica. É fato demonstrável que os sistemas socialistas, inevitavelmente, levam à estagnação econômica e deixam as pessoas comuns em situação muito pior do que estariam sob um sistema capitalista. Em segundo lugar, a propriedade coletiva e a centralização de poder que vem com ela é um convite à tirania, que foi aceita pelos regimes socialistas repetidamente, quase sem falha.

Finalmente, estamos inclinados a concordar com um ponto levantado por Liz Bruenig, a jovem colunista do *Washington Post*, a qual, recentemente, causou polêmica com seu artigo intitulado "É hora de tentar o socialismo"[105]. Depois de receber muitas respostas negativas, ela escreveu em uma coluna de acompanhamento: "Faz sentido pensar no socialismo em um espectro, com países e polos sendo mais ou menos socialistas, em vez de um ou outro"[106]. Nós somos solidários a esse ponto. Socialismo total (sem mercados) e capitalismo total (tudo é mercado) são polos opostos em um espectro. Todos os países da terra estão em algum lugar, entre um e outro. Na verdade,

---

[105] BRUENIG, Elizabeth. "It's time to give socialism a try" [É Hora de Darmos Uma Chance ao Socialismo]. *Washington Post*, 6 mar. 2018. Disponível em: https://www.washingtonpost.com/opinions/its-time-to-give-socialism-a-try/2018/03/06/c603a1b6-2164-11e8-86f6-54bfff693d2b_story.html?utm_term=.06ef36fc9837.

[106] BRUENIG, Elizabeth. "Let's Have a Good-Faith Argument about Socialism" [Vamos Ter Uma Discussão de Boa-Fé Sobre O Socialismo]. *Washington Post*, 11 mar. 2018. Disponível em: https://www.washingtonpost.com/opinions/lets-have-a-good-faith-argument-about-socialism/2018/03/11/96d66720-23e4-11e8-86f6-54bfff693d2b_story.html?utm_term=.ca5990d6e761.

CONCLUSÃO: DE VOLTA À U.R.S.A

Bob passou a maior parte de sua carreira criando e atualizando um índice que basicamente mede onde, no espectro do socialismo ao capitalismo, os diferentes países enquadram-se.

Tanto a teoria econômica quanto a evidência empírica sugerem que os países que abraçam os mercados em maior medida e evitam as políticas socialistas em maior medida, permitam aos humanos vidas mais ricas, mais longas, melhores e mais gratificantes. E, depois de trotar ao redor do globo, visitando muitos dos países que estão, ou estiveram, no espectro mais próximo do socialismo puro, podemos atestar com segurança que o socialismo é simplesmente péssimo.

PÓS-ESCRITO

PÓS-ESCRITO
Drinques pós-Jantar com Matt Kibbe

Pelo menos uma dúzia de latas de cerveja cobria o topo da mesa no estúdio BlazeTV quando nos sentamos para conversar com Matt Kibbe. Algumas eram IPAs e Pale Ales chiques, das quais Matt gosta, mas também havia lavagem venezuelana e norte-coreana. Matt tinha um plano simples para nossa entrevista em seu programa: ele queria que fizéssemos o equivalente econômico de um vídeo da série de TV *Drunk History* [História Embriagada]. Primeiro, porém, tínhamos um tipo diferente de experimento para ele.

Decidimos "escrever ao vivo" um pós-escrito para este livro, entrevistando Matt. Nós três compartilhamos visões econômicas, filosóficas e históricas amplamente semelhantes no que diz respeito ao capitalismo e ao socialismo. Entretanto, Matt não é um acadêmico fanático como nós. Ele é um defensor da liberdade, que lutou nas batalhas políticas de base, nas trincheiras.

Atualmente, Matt é presidente e organizador-chefe da comunidade Free the People. Antes disso, ele foi o fundador, e presidente, da FreedomWorks, durante muitos anos. Sob a liderança de Matt, o FreedomWorks desempenhou um papel importante no desencadeamento e organização do movimento Tea Party, há uma década. FreedomWorks foi o principal organizador da Marcha do Pagador de Impostos em Washington, em 2009.

Isso coloca Matt em uma posição diferente de Bob e eu para fornecer uma visão sobre o movimento socialista de base, o qual energiza os jovens de hoje. Uma década atrás, ele trouxe um movimento jovem em apoio a Ron Paul para o Tea Party. O que mudou com os jovens de hoje?

Muito similarmente ao restante deste livro, fizemos esta entrevista usando apenas nossa própria experiência enquanto consumíamos um pouco de cerveja. Então, editamos a transcrição para torná-la um pouco mais legível.

Powell: Matt, leve-nos de volta à campanha presidencial de 2008, e a Ron Paul nas primárias, e ao grande impulso que os jovens deram para o que os comentaristas tradicionais e o Partido Republicano chamariam de "um velho maluco", articulador da liberdade. O que havia com ele, e com seu movimento, que fez os jovens se identificarem, e lhe deu as pernas para chegar ao palco nacional e realmente lançar o que viria a ser o movimento Tea Party?

Kibbe: Duas coisas. Em primeiro lugar, sua autenticidade. Pode ser difícil entender isso, porque Ron Paul não é uma típica estrela de cinema. Ele não é necessariamente alguém que sempre pode contar uma história do jeito mais articulado. Porém, ele é verdadeiro. Ele tem falado sobre acabar com o Federal Reserve e sair de nossas guerras sem fim, desde sempre. Uma parte foi isso, eu acho. Era parte de seu discurso de vendas. Ele é autêntico, ele fala sobre princípios.

A outra parte é a tecnologia. As bombas *on-line* de dinheiro de Ron Paul foram alguns dos primeiros gritos demonstráveis, mensuráveis e primitivos das bases - um indicador inicial de que o sistema estava prestes a ser desafiado por candidatos insurgentes de fora, com uma perspectiva diferente. Ele não era do Partido Republicano da sua mãe. Ele era outra coisa. E então, houve esse processo, por meio do qual a tecnologia descentralizou um pouco a política e deu poder a eleitores sem representatividade. O Tea Party pegou isso e avançou, criando um movimento social sustentável [...] maior, talvez, e não tão dependente de uma personalidade como Ron Paul.

Porém, avance até hoje e você poderia dizer a mesma coisa sobre Bernie Sanders, você poderia dizer a mesma coisa sobre

Alexandria Ocasio-Cortez, e até mesmo sobre Donald Trump, de uma maneira diferente. Ele é uma espécie de personagem *pop-star* de seus programas de televisão. Todos esses candidatos usam tecnologia. Todos eles, à sua maneira, são meio que autênticos.

Powell: Então, antes de avançarmos até os socialistas e o que está reverberando agora, o que aconteceu com o movimento que se tornou o Tea Party? Esse movimento de base, que foi descentralizado, e desafiou o Partido Republicano dominante e elegeu uma onda de candidatos em 2010. Para onde foi?

Kibbe: Então, essas pessoas ainda estão lá. E ainda vejo o Tea Party - como alguém que estava totalmente envolvido nele - como um dos movimentos sociais mais influentes da minha vida, atrás apenas do movimento pelos direitos civis. Eles tinham valores fundamentais. Você poderia entrar em qualquer multidão do Tea Party em 2009 e 2010 e virtualmente qualquer ativista individual diria: "Eu defendo a liberdade individual, a responsabilidade fiscal e o governo constitucionalmente limitado". Todos eles diriam a mesma coisa, e esses valores mantinham tudo unido. Foi isso que o tornou um movimento social tão potente.

Então, políticos oportunistas pularam no palco e isso acabou quebrando a festa. Você enche o National Mall em Washington, D.C. com pessoas que representam votos em potencial e os políticos serão atraídos, como se fossem moscas ao... papel mata-moscas. Você pensou que eu ia dizer outra coisa, certo? Então, sim, como moscas para a merda. De repente, a comunidade afastou-se desses princípios e começou a pensar em vitórias políticas. A política divide as pessoas, e a candidatura de Donald Trump conseguiu acabar com o outrora poderoso Tea Party, de uma vez por todas. Porém, você sabe, a política acontece na margem, e pequenas margens levam a grandes diferenças nos resultados. Esses ativistas focados em liberdade, pelo menos os do movimento Ron Paul, e os libertários, e os conservadores constitucionais, eles ainda estão lá, mas não representam mais um movimento social coeso, com impacto nas decisões políticas, da mesma forma que em 2010.

Lawson: Você poderia traçar algumas semelhanças com o movimento socialista em torno de Bernie e AOC hoje, com o que viu assistindo ao movimento Ron Paul? Além disso, talvez você possa fazer um prognóstico: como isso vai terminar para esse movimento social?

Esse movimento socialista funcionará melhor ou pior para eles, em comparação com o movimento Tea Party para seus participantes?

Kibbe: Alguns de meus amigos do grupo de Ron Paul ficam chateados com isso, mas, muitas vezes, comparo Bernie Sanders a Ron Paul, porque eles têm uma personalidade semelhante. A característica de sua autenticidade é que eles falam sobre as mesmas coisas desde sempre. Ron Paul sempre foi esse libertário antiguerra rabugento, e Bernie Sanders sempre foi esse socialista independente rabugento. Ambos estavam protestando contra os democratas e republicanos. Acho que parte do atrativo é a consistência, porque as pessoas se cansam de políticos dizendo somente o que elas querem ouvir.

Porém, vá um pouco mais fundo. Quando Bernie protesta contra o capitalismo de compadrio, ou contra a guerra permanente, ou contra a vigilância do Estado, ou contra o sistema de justiça criminal que lotou nossas prisões, Ron Paul poderia estar fazendo o mesmo discurso. E não é até o final da história, quando Bernie diz: "É por isso que precisamos aumentar o tamanho do governo, e dar aos burocratas mais poder", que as pessoas ouvem a diferença. Essa é a dissonância cognitiva de Bernie: protestar contra os males criados por muito poder do governo e, em seguida, pressionar por mais poder do governo, para resolver o problema.

Powell: Você está encontrando uma semelhança entre socialistas radicais e libertários radicais na identificação de problemas que os jovens veem. Será que os jovens não entendem as soluções e apenas se identificam com os políticos que apontam os problemas?

Kibbe: Os conservadores têm essa frase da qual não gosto, chamada de "eleitores com pouca informação". E eu não gosto dela porque é uma espécie de termo depreciativo. Acho que todos nós, incluindo eu, somos eleitores com pouca informação.

Há tanto que você não sabe, e não pode saber, sobre o que o governo está fazendo, sobre o que os políticos estão realmente pensando. Então, "Nós, o povo", à medida que prestamos atenção, temos apenas uma polegada de profundidade. Na prática, você pode dar um pouco de atenção à política presidencial, e se Bernie estiver protestando contra a máquina, e você estiver balançando a cabeça positivamente, tipo "Sim, entendi", você não está tão focado em sistemas econômicos comparativos, ou no tipo de análise de custo-benefício usado pelos economistas.

Eu acho que, se você olhar para o apelo de Bernie, é toda aquela "raiva contra a máquina", anti-*establishment*. Acho que, provavelmente, estávamos muito otimistas sobre o movimento Ron Paul. Achamos que fosse composto por autointitulados libertários, que sabiam tudo sobre direitos de propriedade e sobre a importância de limitar o poder do governo. Porém, avance rapidamente para a candidatura de Rand Paul à presidência, em 2016, e Rand perdeu metade da coalizão de Ron Paul para Trump. Então, enfurecer-se contra a máquina pode ser populista, pode ser libertário, ou pode ser socialista. Acho que parte do nosso desafio é preencher os espaços em branco para mostrar que, se você não gosta de ter essas coisas falseadas e corrompidas por corretores de poder de Washington, você realmente está dizendo que não quer muito controle do governo sobre sua vida.

Lawson: Uma coisa surpreendente quando entrevistamos jovens na grande conferência socialista em Chicago, foi como havia poucos socialistas. Eu conversava com uma pessoa aleatória e perguntava: "Por que você é socialista?". E eles diziam: "Eu sou a favor do direito ao aborto". O aborto é uma questão importante, mas não está claro para mim como isso se alinha ao socialismo. Havia pessoas que estavam lá por várias questões ambientais, direitos de imigração e outras causas "progressistas". De alguma forma, para os participantes da conferência, todas essas coisas vieram sob a bandeira do socialismo. Você viu isso no movimento Ron Paul? Pessoas identificavam-se como libertários, mas quem estava lá realmente porque gostava de armas ou fumava maconha? Você viu essas pessoas com uma única questão, sem conseguir ampliar sua filosofia geral, além de sua questão principal?

Kibbe: Há um monte de coisas sobre as quais uma coalizão libertária ou conservadora discordaria, porém há uma diferença entre isso e o tipo de desacordo da coalizão progressista-democrática-socialista. Havia valores fundamentais, com os quais a coalizão do Tea Party concordava: governo limitado pela constituição, liberdade individual, responsabilidade fiscal. A propósito, esses ideais na política, agora, são uma espécie de sem-teto. Eu não reconheço mais nenhum dos partidos pressionando por essas coisas. Talvez haja uma oportunidade empreendedora aí?

A coalizão progressista sempre foi uma coleção de queixas e silos de identidade, e eles tentam marcar toda a lista de itens, porém não está claro se eles têm um conjunto de interesses comuns que os unem como comunidade. Então, essa é uma das razões pelas quais não estou tão apavorado com os jovens reunindo-se em torno da bandeira do socialismo. Não estou certo de que a palavra "socialismo" signifique, para eles, o que você e eu pensamos, quando pensamos sobre a propriedade governamental dos meios de produção.

Powell: Sinto que os jovens estão se identificando com o socialismo da mesma forma que se identificaram com o libertarianismo há uma década. Como podemos virar a maré e mostrar aos jovens o valor da liberdade, por que ela deveria ser importante para eles e por que eles deveriam se agarrar totalmente ao libertarianismo, e não apenas a uma questão secundária aqui ou ali?

Kibbe: Acho que deveríamos pegar emprestada uma página de Ron Paul, Bernie Sanders e, mais importante, da nova "estrela" da política socialista, Alexandria Ocasio-Cortez. Ela tinha um vídeo viral que meio que criou sua carreira. Você o assiste, e ela fala sobre dignidade, sobre como seu oponente é esse democrata titular vitalício, mais íntimo de Wall Street do que da "nossa comunidade". Ele mora em Washington, ele não representa nossos valores, ele é todo sobre capitalismo de compadrio. Ele é parte desta máquina, em um lugar distante. Ele não é como nós. O que Ocasio-Cortez acredita, pelo menos conforme representado nesse vídeo viral, é algo semelhante a pessoas trabalhando juntas, pessoas cooperando, pessoas tentando resolver problemas no nível da comunidade, de baixo para cima. Assim, segundo ela, vamos tornar o mundo um lugar melhor. E então, no final, ela coloca furtivamente sua verdadeira agenda: é por isso que precisamos do Medicare para todos, e é por isso que precisamos socializar isso, aquilo e outras coisas.

Entretanto, é quase uma reflexão tardia. Não é uma política ou um lançamento ideológico. É um apelo emocional e populista para pessoas que não confiam mais no sistema. E, quando ouço nesse nível, digo, "Claro que sim, estou a bordo". Entendo totalmente. É um apelo emocional, mas podemos aprender com isso. O que precisamos fazer é ficar furiosos contra a máquina estatal[107]. A máquina é péssima. A máquina faz conluio para ajudar gente de dentro e empresas ricas a jogar o sistema contra o resto de nós. Temos isso absolutamente em comum com ela. O que temos de diferente é uma bela história sobre cooperação. Lembra tudo o que acabei de descrever, sobre comunidades trabalhando para ajudar umas às outras? Isso não é socialismo, esse sistema ascendente de explorar as esperanças e sonhos de todos nós, isso é o livre mercado. Isso, embora eu não goste de usar a palavra, é o sistema capitalista.

Powell: O sistema voluntário.

Kibbe: O sistema voluntário. Precisamos encontrar uma maneira de descrever do que estamos falando. Não em termos da economia brutal de custos e benefícios, oferta e demanda, mas das aspirações pessoais das pessoas, de serem livres para fazer coisas legais. Aliás, é por isso que falo tanto sobre cerveja no meu programa. Boa cerveja é o produto do livre mercado, da inovação empresarial, e isso simplesmente não acontece se as pessoas não forem livres para escolher, e arriscar, e criar, e falhar. Eu uso essa metáfora porque acho que, provavelmente, as pessoas que gostam de cerveja não lerão algumas das revistas acadêmicas nas quais vocês publicam.

Lawson: Na verdade, essa é uma das razões pelas quais escrevemos o livro. É porque percebemos que as pessoas não estão lendo nossos artigos de periódicos. Então, pensamos, é melhor escrever algo que as pessoas vão ler e se divertir fazendo isso.

Powell: E deixe-nos todos, parafraseando Milton Friedman, "livres para beber".

Kibbe: Livre para beber. Livre para a cerveja. Cerveja é liberdade. Vamos terminar isso antes de ficarmos muito embriagados. Saúde.

---

[107] "[...] furiosos contra a máquina estatal [...]", cujo original é "rage against the machine". Provavelmente Kibbe brinca com o termo em inglês, pois a frase trata-se também do nome de um famoso grupo de rock do início da década de 1990 que ostentava visões políticas condizentes aos criticados no contexto da fala. (N. E.)

APÊNDICE

APÊNDICE
Leituras Adicionais

Nós nos divertimos viajando, pesquisando e escrevendo este livro. Esperamos que você tenha gostado de lê-lo, porém, também esperamos que tenha aprendido algo. Embora tenhamos tentado escrever este livro em um estilo divertido, o assunto é mortalmente sério. Um mal-entendido sobre as consequências, econômicas e políticas, da adoção de um sistema econômico socialista arruinou milhões de vidas no último século, e se mal-entendidos semelhantes não forem eliminados hoje, milhões de outras vidas podem ser arruinadas.

Este livro é nossa pequena contribuição para ajudar a espalhar uma melhor compreensão das consequências econômicas, políticas e humanas do socialismo. Enquanto tentamos minimizar as ciências sociais e a história e enfatizar os efeitos cotidianos do socialismo no preço da cerveja, alguns leitores podem querer explorar um pouco dessas ciências sociais, e da história, por si próprios. Aqui estão algumas de nossas recomendações.

Ludwig von Mises lançou o que ficou conhecido como o "debate do cálculo econômico socialista", com seu ensaio "*O Cálculo Econômico em uma Comunidade Socialista*"[108], em 1920. Apresentamos um

---
[108] MISES, Ludwig von. *O Cálculo Econômico em uma Comunidade Socialista*. LVM Editora: São Paulo, 2017. (N. E.)

breve resumo de seu argumento no Capítulo Três. Seu artigo original é um dos mais importantes artigos de economia escritos no século XX, é muito fácil de ler e está disponível, gratuitamente, *on-line*. Caso deseje seu argumento mais completo, você pode verificar seu livro mais longo, *Socialismo*, lançado alguns anos depois.

Friedrich A. Hayek foi aluno de Ludwig von Mises e também escreveu artigos muito bons sobre o debate do cálculo socialista. Eles estão reunidos em seu livro *Individualism and Economic Order* [Individualismo e Ordem Econômica]. Esse livro é um pouco mais difícil de ler do que o de Mises, mas ainda é acessível. Também recomendamos fortemente *O Caminho da Servidão*, de Hayek. Nele, ele explica por que a liberdade econômica é necessária para se ter uma liberdade política significativa. É um livro impresso popular e a *Reader's Digest* até fez uma edição resumida dele. Desejamos que todos os jovens socialistas "democráticos" o leiam.

Peter Boettke é nosso economista favorito para entender como a economia da União Soviética (não) funcionava. Recomendamos o seu *Political Economy of Soviet Socialism* [Política Econômica do Socialismo Soviético] e *Why Perestroika Failed* [Por Que a Perestroika Falhou]. Ambos são livros acadêmicos, mas ainda fáceis de ler.

No Capítulo Cinco, mencionamos *A Grande Fome de Mao: A História da Catástrofe Mais Devastadora da China, 1958–1962*[109], de Frank Dikötter. É excelente. E até a abertura total dos arquivos do Partido Comunista em Pequim é, provavelmente, a contabilidade mais precisa do número de mortos.

Por falar em número de mortos, também recomendamos *O Livro Negro do Comunismo*. Fornece um relato, país por país, das atrocidades cometidas por esses regimes. Também recomendamos *Death by Government: Genocide and Mass Murder Since 1900* [Morte Por Governo: Genocídio e Assassinato em Massa Desde 1900], de R. J. Rummel. Se você pesquisar, ele também tem um site com muitas informações disponíveis gratuitamente. Todos os números de mortos envolvem alguma especulação e existem maneiras diferentes de os historiadores classificarem as coisas, então, os números de cada pessoa são

---

[109] DIKÖTTER, Frank. *A Grande Fome de Mao: A História da Catástrofe Mais Devastadora da China, 1958–1962*. 4. ed. Record: Rio de Janeiro, 2017. (N. E.)

diferentes. Entretanto, essas fontes darão a você uma ideia decente da magnitude das atrocidades que os governos, particularmente os governos socialistas, cometem.

Mencionamos muitos livros ao longo do texto. Não faz sentido listar todos aqui, mas caso queira saber mais, verifique as notas de rodapé. Entretanto, seríamos negligentes se não disséssemos algo mais aqui sobre os relatórios anuais da *Economic Freedom of The World*, dos quais Bob é coautor. Nós nos referimos a ele muitas vezes ao longo do livro. É o melhor ponto de partida para examinar em que parte do espectro, entre capitalismo e socialismo, encontra-se qualquer país. Os relatórios estão disponíveis *on-line* gratuitamente, em https://www.fraserinstitute.org/studies/economic-freedom, e também há um mapa interativo. Você também pode pesquisar qualquer uma das literalmente centenas de artigos acadêmicos que usaram o índice e descobriram como uma maior liberdade econômica melhora vidas (ou, em outras palavras, como países mais socialistas são péssimos).

Recomendaríamos um livro sobre cerveja para você, porém, ao contrário do socialismo, consumir o produto é melhor do que ler sobre ele. Saúde!

AGRADECIMENTOS

Agradecimentos

A mensagem de texto de Ben para Bob dizia: "Tenho uma ideia para um livro. Combina nossas coisas favoritas. Em um avião agora. Bebendo. Ligarei mais tarde". Assim, nosso primeiro agradecimento vai para essa combinação maravilhosa de dois carbonos, seis hidrogênios e um átomo de oxigênio por alimentar a criatividade de Ben em uma longa viagem de avião. Dessa forma, e muito mais, sem a bebida, este livro não teria sido possível.

Enquanto escrevíamos este livro, nossa viagem estendeu-se por quatro continentes, entre maio de 2016 e julho de 2018. Estamos em dívida com muitas pessoas pela ajuda fornecida durante essas viagens. Li Schoolland, Ian Vasquez, Daniel Raisbeck, Andre Illarionov, Larisa Burakov e Junjie Ma, todos nos ajudaram a fazer conexões valiosas nos países que visitamos. Agradecemos a Julian Villabona e Dean Peng por se juntarem a nós em nossas viagens e agirem como nossos tradutores tanto quanto nos mantendo fora de perigos sérios enquanto pesquisávamos sobre os capítulos da Venezuela e da Coreia. Agradecimentos especiais à New Economic School, a Paata Sheshelidze e a Gia Jandieri por terem sido anfitriões tão bons na Geórgia, e à tia de Gia por nos receber para um *supra*. Agradecemos a Nataliya Melnyk e ao Centro de Mercado Livre de Bendukidze, em Kiev, por nos receber em sua conferência, e ao Instituto Unirule por nos receber em sua conferência em Pequim. Agradecemos a José Torra e Marshall Stocker pelos valiosos conselhos de viagem e, no caso de Marshall, por nos encontrarem para um drinque em Moscou. Por falar em bebidas, agradeço aos alunos de MBA da SMU que nos compraram um monte de *shots* em Xangai, e a Cathy, uma comissária de bordo da American Airlines, que se lembrou de nós em um voo de classe executiva para a Ásia e manteve-nos bem lubrificados quando estávamos voltando da Europa presos em um voo de classe proletária. Nós nos beneficiamos de entrevistas, ou discussões de bar, com muitas pessoas, enquanto visitávamos esses países, e somos gratos pelas perspectivas que eles forneceram.

Embora nós dois já tenhamos escrito livros antes, nenhum de nós jamais havia tentado escrever um livro como este. Sabíamos ser capazes de abordar um tópico sério, com perspectivas de economia e história, entretanto não estávamos confiantes de que poderíamos fazer isso, integrando, simultaneamente, experiências de viagem em primeira mão, na esperança de divertirmos nossos leitores. Então, viajamos para Cuba e escrevemos como um capítulo de teste. Somos gratos a vários de nossos amigos não acadêmicos, os quais leram as primeiras versões do rascunho desse capítulo e de outros e forneceram *feedback* valioso e, mais importante, encorajamento de que estávamos no caminho certo. Obrigado a Mat Leger, Jeff Levis, D. J. Deeb, Michael Caplan, Kevin Knox, Michael Hunter, Paul Goins, James Bryan, e Dr. Scott Jones.

Ben também testou o material em palestras públicas enquanto o manuscrito estava em vários estágios de desenvolvimento, no Haverhill Lions Club, Pheasant Ridge Winery, The Infinite Banking Concept, e um seminário para alunos do ensino médio (deixando de fora algumas das histórias de bebedeira com este último grupo), e agradecemos pelo interesse e incentivo para continuar com o projeto.

Ben também gostaria de agradecer a seu pai, Eric, que era um ávido leitor e bebedor. Ele ensinou Ben a beber e a socializar em bares. Ao tentar obter o estilo certo para nosso público-alvo, Ben sempre pensava se seu pai teria comprado este livro. Obrigado pela ajuda. Saúde!

AGRADECIMENTOS

Também nos beneficiamos do *feedback* de nossos colegas da academia. Agradecemos ao corpo docente, funcionários, alunos e apoiadores do O'Neil Center da SMU, e do Free Market Institute da Texas Tech por todo o seu apoio enquanto trabalhamos neste projeto. A esse respeito, um agradecimento especial a Daniel Serralde, que nos acompanhou em Miami e Chicago. Agradecemos aos participantes do seminário da Universidade Francisco Marroquín, do Friedberg Economics Institute, e do American Institute for Economic Research pelos comentários sobre o manuscrito.

Temos uma dívida de gratidão particularmente grande para com Peter Boettke e o Mercatus Center, da Universidade George Mason. Pete e seus colegas, Mackenzie Robey e Stephanie Haeffele, providenciaram que cerca de uma dúzia de estudiosos lessem um rascunho de nosso manuscrito, em maio de 2018, e depois passassem um dia nos enchendo de sugestões de como melhorar o livro. Foi uma experiência valiosa, a qual nos tornou mais humildes. Agradecemos a Peter Boettke, Donald Boudreaux, Bryan Caplan, Veronique de Rugy, Brian Doherty, Bobbi Herzberg, Terence Kealey, Matt Kibbe, Tom Palmer e Sarah Skwire por sua participação e *feedback*. O manuscrito foi substancialmente melhorado em resposta às suas sugestões. A sugestão de Matt e Bryan, de finalizar o livro nos EUA, na conferência socialista, foi particularmente valiosa.

Agradecemos à esposa de Bob, Tracy Lawson, uma autora talentosa e editora profissional, por editar nosso manuscrito, embora ainda conseguindo nos deixar sermos nós mesmos (impróprios). Agradecemos também a Estephania Lujan Padilla, por ajudar a preparar o manuscrito para a Regnery. Tom Woods e Matt Kibbe forneceram conselhos e assistência inestimáveis para nos ajudar a encontrar um lar para este livro em uma editora popular. Não poderíamos estar mais satisfeitos do que trabalhando com a Regnery. Agradecemos a Harry Crocker e Kathleen Curran, por suas edições cuidadosas, as quais melhoraram o manuscrito e provavelmente nos mantiveram longe de problemas por termos sido muito ofensivos.